汽车文化

▶ 主　编　龚艳丽　王彦霖　周云
▶ 副主编　李琼　杨阳　夏凯
　　　　　杨雨晴　王志辉

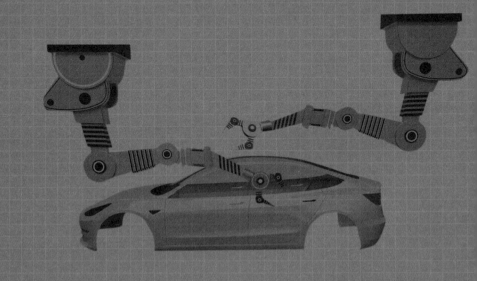

高等教育出版社·北京

内容简介

本书是国家职业教育专业教学资源库建设项目配套教材，主要内容有汽车发展历史与基础知识、汽车品牌文化、汽车相关产业与组织、汽车选购和新型汽车商业模式与智能网联汽车五个项目。全书内容丰富，知识面广，实用性强，图文并茂，通俗易懂，旨在让广大读者增强对汽车的兴趣和对汽车相关文化的了解。

本书重点/难点的知识点/技能点配有动画、微课等丰富的数字化资源，视频类资源可通过扫描书中二维码在线观看，学习者也可登录智慧职教（www.icve.com.cn）搜索课程"汽车文化（龚艳丽）"进行在线学习。

本书适合高等职业院校汽车制造与装配技术、汽车运用与维修、新能源汽车技术、汽车营销与服务等汽车类相关专业使用，也可作为公共选修课程教材使用。授课教师如需本书配套的教学课件等资源，可发送邮件至 gzjx@pub.hep.cn 索取。

图书在版编目（C I P）数据

汽车文化 / 龚艳丽，王彦霖，周云主编 . -- 北京：高等教育出版社，2020.9
ISBN 978-7-04-054957-7

Ⅰ.①汽⋯　Ⅱ.①龚⋯　②王⋯　③周⋯　Ⅲ.①汽车 – 文化 – 高等职业教育 – 教材　Ⅳ.①U46 – 05

中国版本图书馆 CIP 数据核字（2020）第 160172 号

汽车文化
Qiche Wenhua

| 策划编辑　姚　远 | 责任编辑　张值胜 | 封面设计　赵　阳 | 版式设计　童　丹 |
| 责任校对　刘娟娟 | 责任印制　赵义民 | | |

出版发行	高等教育出版社	网　　址	http://www.hep.edu.cn
社　　址	北京市西城区德外大街 4 号		http://www.hep.com.cn
邮政编码	100120	网上订购	http://www.hepmall.com.cn
印　　刷	北京市大天乐投资管理有限公司		http://www.hepmall.com
开　　本	787mm×1092mm　1/16		http://www.hepmall.cn
印　　张	13.75		
字　　数	310 千字	版　　次	2020 年 9 月第 1 版
购书热线	010-58581118	印　　次	2020 年 9 月第 1 次印刷
咨询电话	400-810-0598	定　　价	49.80 元

本书如有缺页、倒页、脱页等质量问题，请到所购图书销售部门联系调换

版权所有　侵权必究
物料号　54957-00

智慧职教服务指南

　　基于"智慧职教"开发和应用的新形态一体化教材，素材丰富、资源立体，教师在备课中不断创造，学生在学习中享受过程，新旧媒体的融合生动演绎了教学内容，线上线下的平台支撑创新了教学方法，可完美打造优化教学流程、提高教学效果的"智慧课堂"。

　　"智慧职教"是由高等教育出版社建设和运营的职业教育数字教学资源共建共享平台和在线教学服务平台，包括职业教育数字化学习中心（www.icve.com.cn）、职教云（zjy2.icve.com.cn）和云课堂－智慧职教（App）三个组件。其中：

　　● 职业教育数字化学习中心为学习者提供了包括"职业教育专业教学资源库"项目建设成果在内的大规模在线开放课程的展示学习。

　　● 职教云实现学习中心资源的共享，可构建适合学校和班级的小规模专属在线课程（SPOC）教学平台。

　　● 云课堂－智慧职教是对职教云的教学应用，可开展混合式教学，是以课堂互动性、参与感为重点贯穿课前、课中、课后的移动学习 App 工具。

　　"智慧课堂"具体实现路径如下：

　　1. 基本教学资源的便捷获取

　　职业教育数字化学习中心为教师提供了丰富的数字化课程教学资源，包括与本书配套的电子课件（PPT）、微课、动画、教学案例、实验视频、习题及答案等。未在 www.icve.com.cn 网站注册的用户，请先注册。用户登录后，搜索本书对应课程"汽车文化（龚艳丽）"，即可进入课程进行在线学习或资源下载。

　　2. 个性化 SPOC 的重构

　　教师可通过开通职教云 SPOC 空间，根据本校的教学需求，通过示范课程调用及个性化改造，快捷构建自己的 SPOC，也可灵活调用资源库资源和自有资源新建课程。

　　3. 云课堂－智慧职教 App 的移动应用

　　云课堂－智慧职教 App 无缝对接职教云，是"互联网＋"时代的课堂互动教学工具，支持无线投屏、手势签到、随堂测验、课堂提问、讨论答疑、头脑风暴、电子白板、课业分享等，帮助激活课堂，教学相长。

本书配套视频资源索引

序号	类型	资源标题	对应页码
1	微课	汽车的起源与发展	1
2	微课	传统汽车基础知识	12
3	微课	新能源汽车基础知识	24
4	微课	国内汽车公司及品牌	37
5	微课	国外汽车公司及品牌	49
6	微课	国内外新能源汽车公司及品牌	62
7	微课	汽车 4S 服务中心	70
8	微课	汽车行业协会及研究机构	77
9	微课	汽车会展	84
10	微课	赛车运动	93
11	微课	汽车影视	110
12	微课	车辆的选择	117
13	微课	汽车保险的选择	133
14	微课	汽车上牌与上路	144
15	微课	汽车电商模式	154
16	微课	共享汽车分时租赁	170
17	微课	智能网联汽车	189
18	动画	记里鼓车	3
19	动画	指南车	3
20	动画	发条式汽车	3
21	动画	蒸汽机汽车	4
22	动画	电动汽车发展史	4
23	动画	奔驰一号	5
24	动画	戈特利布·戴姆勒的第一辆四轮汽油机汽车	5
25	动画	亨利·福特 T 型车	5
26	动画	世界汽车发展史（第三次变革）	6
27	动画	新中国汽车的发展史（百废待兴阶段）	7

续表

序号	类型	资源标题	对应页码
28	动画	新中国汽车的发展史（破茧成蝶阶段）	8
29	动画	未来汽车的发展趋势（节能环保）	10
30	动画	未来汽车的发展趋势（智能化）	10
31	动画	汽车的分类	14
32	动画	汽车 VIN 码	19
33	动画	发动机组成及工作原理	21
34	动画	汽车底盘及动力结构	21
35	动画	汽车车身构造	22
36	动画	汽车电气设备	22
37	动画	新能源汽车的定义和分类	25
38	动画	新能源汽车发展的历史背景	26
39	动画	纯电动汽车的结构及工作原理	27
40	动画	混合动力电动汽车的结构及工作原理	29
41	动画	燃料电池汽车的构成及工作原理	33
42	动画	太阳能汽车	34
43	动画	国内外新能源汽车发展战略	35
44	视频	一汽品牌简介	38
45	视频	东风品牌简介	39
46	视频	上汽品牌简介	39
47	视频	长安品牌简介	40
48	视频	广汽品牌简介	41
49	视频	北汽品牌简介	41
50	视频	江淮品牌简介	42
51	视频	奇瑞品牌简介	43
52	视频	华晨品牌简介	43
53	视频	福汽品牌简介	44
54	视频	吉利品牌简介	44
55	视频	比亚迪品牌简介	45
56	视频	长城品牌简介	45
57	视频	美国汽车品牌简介	50
58	视频	德国汽车品牌简介	51
59	视频	法国汽车品牌简介	51
60	视频	意大利汽车品牌简介	52

续表

序号	类型	资源标题	对应页码
61	视频	英国汽车品牌简介	52
62	视频	日本汽车品牌简介	53
63	视频	韩国汽车品牌简介	54
64	视频	通用汽车发展史	54
65	视频	福特汽车发展史	55
66	视频	大众汽车发展史	56
67	视频	奔驰汽车发展史	56
68	视频	宝马汽车发展史	57
69	视频	PSA 标致雪铁龙发展史	57
70	视频	FCA 菲亚特品牌发展史	57
71	视频	丰田汽车发展史	58
72	视频	本田汽车发展史	58
73	视频	雷诺日产发展史	59
74	视频	沃尔沃发展史	60
75	视频	塔塔发展史	60
76	视频	现代起亚发展史	60
77	视频	新能源汽车产业概况	63
78	视频	特斯拉品牌简介	67
79	视频	Smart 品牌简介	67
80	视频	蔚来汽车介绍	67
81	视频	威马品牌简介	68
82	视频	小鹏品牌简介	68
83	视频	汽车 4S 店简介	71
84	虚拟仿真	汽车 4S 店介绍	71
85	视频	九城集团简介	74
86	视频	申湘集团简介	74
87	视频	大兴集团简介	75
88	视频	中升集团简介	75
89	视频	运通集团简介	75
90	视频	永达集团简介	75
91	动画	SAE 国际自动机工程师学会	78
92	动画	VDA 德国汽车工业协会	78
93	视频	中国汽车工程学会介绍	79

续表

序号	类型	资源标题	对应页码
94	视频	中国汽车工程研究院简介	80
95	视频	C-NCAP 碰撞测试介绍	80
96	视频	中国汽车技术研究中心简介	80
97	视频	中保研汽车技术研究院介绍	80
98	动画	乘联会	81
99	动画	中国汽车工业协会	81
100	动画	汽车召回	82
101	动画	汽车召回网	82
102	视频	消费者协会介绍	82
103	视频	德国法兰克福国际车展	85
104	视频	法国巴黎国际汽车展	87
105	视频	北美国际汽车展	88
106	视频	瑞士日内瓦国际车展	89
107	视频	日本东京车展	90
108	视频	北京国际车展	90
109	视频	上海国际车展	91
110	视频	赛车的发展历史	94
111	视频	方程式赛车	97
112	视频	直线加速竞赛	99
113	视频	耐久赛	100
114	视频	中国大学生方程式赛车比赛	104
115	视频	我国大学生方程式赛车的发展历程	105
116	动画	变形金刚	111
117	动画	速度与激情	112
118	动画	偷天换日	112
119	动画	头文字 D	113
120	动画	007 系列	114
121	动画	汽车总动员	114
122	动画	高智能方程式赛车	114
123	视频	汽车安全气囊	119
124	视频	电动遮阳帘演示	120
125	动画	新车验收——起动前车外检查	125
126	动画	新车验收——起动前车内检查	128

续表

序号	类型	资源标题	对应页码
127	动画	新车验收——起动后的静止检查	129
128	动画	新车验收——行驶中的检查	131
129	动画	新车验收——行驶后的检查	132
130	动画	车损险致损原因列举	137
131	动画	驾考科目二——倒车入库	149
132	动画	驾考科目二——坡道定点	149
133	动画	驾考科目二——侧方位停车	149
134	动画	驾考科目三——路考	149
135	动画	我国汽车电商模式的发展历程	155
136	动画	车商城的发展	156
137	视频	领克汽车电商模式	158
138	视频	电商模式中消费者与企业之间的关系	159
139	视频	特斯拉汽车电商模式	161
140	视频	汽车电商的策略性发展	168
141	动画	汽车分时租赁发展到现在的展示	173
142	视频	汽车分时租赁与网约车、出租车的价格比对	174
143	动画	我国的分时租赁行业发展现状	177
144	视频	我国汽车分时租赁拓展的商业模式	181
145	视频	我国汽车分时租赁用户分布动图	187
146	动画	我国未来分时租赁的发展趋势	187
147	动画	智能网联汽车高级辅助系统	191
148	视频	我国智能网联汽车发展现状	192
149	视频	智能网联汽车各个部位的传感器	195
150	动画	智能网联汽车的关键技术	195
151	视频	我国智能网联汽车的未来发展趋势	197
152	动画	未来智能网联汽车的出行模拟图	197
153	视频	我国对未来智能网联汽车的积极政策	198

前　言

　　汽车是人类智慧的结晶，更是科学与艺术的和谐统一体，这个复杂而精妙的机电产品更是对社会的发展以及人们的生活产生了巨大影响。现代社会的发展离不开汽车，人们的生活离不开汽车，人们的话题更是离不开汽车。汽车工业的发展不过百余年历史，但却彻底改变着人类的生活和思维模式。汽车产业的发展带动了一大批相关产业的发展，汽车逐步进入中国家庭，广大消费者对汽车的兴趣与日俱增。在这种形势下，了解汽车基本知识，熟悉汽车品牌文化，掌握汽车的选购及驾驶技巧等已经成为时代的要求。对于汽车专业的学生而言，"汽车文化"课程可以有效地激发其学习热情，关心汽车产业的发展动态，并增强其学习其他汽车类课程和知识的兴趣。

　　本书在体现汽车文化内涵的同时，注重体现广泛性、趣味性、实用性和大众化的特点。本书主要内容涵盖了汽车发展历史与基础知识、汽车品牌文化、汽车产业、汽车选购和新型汽车商业模式与智能网联汽车。全书按照"培养应用能力强、知识面宽、素质高"的人才培养目标，在编写过程中紧密结合高等职业教育特点，主动适应社会实际需要，突出应用性、针对性、广泛性。内容叙述力求深入浅出，将知识点与能力点有机结合，注重培养学生职业素养、知识应用能力和解决实际问题的能力。全书共分为五个项目，每个项目下有三到五个工学任务，每个工学任务之后均有一定量配套的习题。本书具有以下特色：

　　1. 本书配套数字课程，该课程是国家职业教育汽车制造与装配技术专业教学资源库中的标准化课程，相关微课、题库、学习课件等资源丰富，借助智慧职教平台提供相关功能，便于广大师生开展线上线下混合式教学，也有利于学生理论与实际相结合、有利于学生的知识巩固。

　　2. 本书作为高职教育的教材，在指导思想方面，以职业综合能力培养为中心；在内容选择方面既注重实际应用又强调必要的知识基础。

　　3. 本书内容紧密结合汽车技术及汽车应用的最新发展趋势与成果。在介绍知识和应用方面涉及了新能源汽车技术、智能网联汽车、共享汽车分时租赁等新领域。这对汽车新技术发展的跟踪和后续课程的学习都是十分必要的。

　　4. 本书的编写注重知识内容与认知过程和思维方法的自然结合。从提出问题到分析问题、归纳结论等都注重对学生的引导作用，各章节的安排和内容的阐述都注重"实践－理论－实践"的认知规律，便于在教学中体现"教师为主导、学生为主体"的原则。

　　本书由龚艳丽、王彦霖、周云担任主编，李琼、杨阳、夏凯、杨雨晴、王志辉担任副主编。项目一由周云主持编写，夏凯、龙少良、葛胜升参与编写；项目二由李琼主持编写，王艳艳、应龙、王毅参与编写；项目三由龚艳丽主持编写，王志辉、张书桥、吴航参与编写；项目四由王彦霖主持编写，杨雨晴、余瑾、尹永福参与编写；项目五由杨阳主持编写，王艳艳、余亮、王臣参与编写。

　　限于编者水平有限，书中难免有疏漏错误或不妥之处，敬请广大师生和读者批评指正。

编　者

2020 年 5 月

目　　录

项目一　汽车发展历史与基础知识

工学任务一　熟悉汽车的起源与发展

【学习目标】

PPT　汽车的起源与发展

微课　汽车的起源与发展

1. 素质目标
（1）爱国守法、崇德向善、诚实守信。
（2）爱岗敬业、积极进取、团结协作。
（3）热爱劳动、沟通流畅、勇于创新。
（4）精益求精、工匠精神、7S 管理。
2. 知识目标
（1）了解汽车。
（2）熟悉现代汽车的诞生。
（3）熟悉世界汽车工业的发展历程。
（4）熟悉中国汽车工业的发展历程。
3. 能力目标
（1）能通过网络收集汽车发展史的相关信息，具备对汽车工业发展历程和汽车发展趋势进行分析总结的能力。
（2）感受汽车文明的演进，增强对汽车文化的探索精神。

【任务导入】

　　汽车是一个国家机械工业综合实力的一种体现。我国第一辆汽车的诞生，代表着当时中国的机械制造工业的发展水平。1956 年 7 月 13 日，我国自己生产的第一辆汽车——"解放"载货汽车在长春第一汽车制造厂下线。有幸的是中央新闻纪录电影制片厂的摄影师们记录下了这个珍贵的历史时刻，用胶片为我们保留住了那个精彩瞬间，把它载入史册。

　　在我们国家科学技术飞速发展的今天，作为民族品牌的"解放"卡车和它诞生的经历更加值得我们回忆。尤其难得的是 60 多年前，新中国的建设者们那种不怕困难、白手起家，从一颗螺丝钉、一个齿轮、一个车灯、一个轮胎开始，制造出新中国第一辆汽车，这样独立自主的创造精神和不怕失败、努力学习的精神是值得我们现代所提倡和重温的。

　　　　　　　　　　　　　　——《"解放"新中国第一辆自产汽车的故事》　央视网

学习感悟

【课堂活动】

以 4～6 人为一个小组，分组收集汽车起源与发展历程的相关资料，讨论后填入工单中。

实 训 工 单

1. 资料收集	
汽车的"前世今生"	
2. 分组讨论	
汽车的起源与诞生	
汽车工业的发展	
3. 资料拓展	
未来汽车发展趋势	

【相关知识】

1. 汽车的进化史

（1）汽车的起源

汽车作为现代重要的陆路交通工具，毫无疑问，它是古代车辆的自然发展和延伸。车辆从人力、畜力推拉到其自行驱动，是一个巨大的技术进步，人们为此花费了数千年的不懈努力（图 1-1）。

古代的运输方式主要是人力运输，靠肩扛、人抬。公元前 4000 年，在北欧发明了橇，它是借助滑杆在地上滑动，来减轻人们运输重物的负担，橇使人们用滑动实现了运输方式的第一次飞跃。公元前 3000 年，在中亚发明了车轮。车轮带给人们一种新的运动方式，实现了橇滑动到轮滚动的第二次飞跃。

公元前 2000 多年的夏初大禹时代，有一位管车的大夫奚仲，他发明的车由两个车轮架起车轴，车轴固定在带辕的车架上，车架附有车厢，用来盛放货物，这就是世界上的第一辆马车。公元前 1600 年的商代，我国的车辆技术已达到了比较高的水平，开始应用辐条结构的两轮四匹马驾战车。

公元前2000多年的夏初大禹时代，奚仲发明了世界上的第一辆车。

1630年，德国钟表匠汉斯·郝丘，制造了一台发条式汽车，相当于现代的儿童玩具汽车。

马车的出现

自行车辆的摸索

车轮的发明

马车的盛行

公元前3000年，车轮的发明实现了橇滑动到轮滚动的飞跃。

公元前3世纪时，我国汉朝杰出科学家张衡发明了举世闻名的记里鼓车，记里鼓车也是现代车辆里程表的始祖。

图 1-1 汽车的起源

　　公元前 3 世纪时，我国汉朝杰出科学家张衡发明了举世闻名的记里鼓车，是科学技术史上的一项重要发明，记里鼓车也是现代车辆里程表的始祖。三国时期，魏国制造家马钧发明了指南车。指南车除了用齿轮传动外，还设置了自动离合装置，他用齿轮传动系统和离合装置来指示方向。14—16 世纪，欧洲的文艺复兴使得欧洲的思想文化和科学技术有了相当大的提升，欧洲的车辆制造技术就是在那时候反超中国的。

　　由于马车受车速和载货量的限制，人们渴望制造出速度更快、装载量更大的车辆，于是开始了自行式车辆的幻想与探索。1600 年，荷兰的西蒙·斯蒂芬造出"双桅风力帆车"，它把车轮装在帆船上，据说曾达到 24 km/h 的惊人速度，但风帆车不能发展成实用汽车，主要是因为其原动力风的不可控性，不过风能利用一直是新能源和汽车技术研究领域非常重要的课题。1630 年，德国钟表匠汉斯·郝丘制造了一台发条式汽车，但发条车速度仅为 1.6 km/h，而且每前进 230 m 就必须人工上次发条。由于工作强度太大，这种车在当时并没有什么实用价值，相当于现代的儿童玩具汽车。

　　（2）汽车的诞生

　　人类经历了漫长的靠双足跋涉的时代后，发明了车轮和车。蒸汽机和内燃机的出现为汽车的诞生开辟了道路（图 1-2）。

动画 记里鼓车

动画 指南车

动画 发条式汽车

1899年，考门·婕纳制造的电动小汽车外形像炮弹，铝合金车身，蓄电池功率44 kW，双电动机后轮驱动，曾经创造106 km/h的速度纪录。

1886年，卡尔·本茨成功研制出第一辆单缸发动机三轮汽车——奔驰一号。

内燃机汽车　　　　　　　　　电动汽车

蒸汽机汽车　　　　　　人类交通的新纪元

1886年，戴姆勒和他的助手迈巴赫研制出一台高速四冲程汽油机，并装在四轮马车上，这就是世界上第一辆四轮汽油机汽车。

1769年，法国炮兵工程师尼古拉斯·古诺研制出世界第一辆蒸汽汽车，标志着人类以机械力驱动车辆时代的开始。

图 1-2　汽车的诞生

动画　蒸汽机汽车

① 蒸汽机汽车时代。1765 年，英国人瓦特发明了活塞式蒸汽机。瓦特发明的高效率蒸汽机一出现，就立即被用到采矿、纺织、冶金、机械加工、运输业，极大地提高了劳动生产率。1769 年，法国陆军军官尼古拉斯·古诺制成了世界上第一辆具有实用价值的、完全依靠自身动力行走的蒸汽汽车，这是汽车发展史上的第一个里程碑，也标志着人类以机械力驱动车辆时代的开始。1825 年，英国嘉内公爵制成了第一辆蒸汽公共汽车，该车有 18 座，车速为 19 km/h，开始了世界上最早的公共汽车运营。1831 年，美国的史沃奇·古勒将一台蒸汽汽车投入运输，相距 15 km 的格斯特和切罗腾哈姆之间便出现了有规律的运输服务。蒸汽机的发展推动了蒸汽机汽车的发展，这是汽车发展史上最重要的一个阶段。

动画　电动汽车发展史

② 电动汽车时代。1831 年，英国科学家法拉第发现电磁感应现象，为人类打开了电磁世界大门。不久之后发电机和电动机相继被发明出来，人类开始有了蒸汽机之外的一种新的强大动力。1859 年，法国物理学家加斯顿·普兰特发明了铅酸蓄电池，攻破了电池存储的难关，电动汽车诞生的条件逐渐成熟了。1873 年英国戴维森制造的四轮卡车被称为世界上最早的电动汽车，19 世纪 80 年代，在法国已制造了多辆名副其实的电动汽车。在美国，爱迪生和福特都对电动汽车的开发作出了很大贡献。后来，电动汽车有了较快的发展，于 1898 年创立的哥伦比亚电气公司当时曾生产了 500 辆电动汽车。1899 年，考门·婕纳制造的电动小汽车外形像炮弹，铝合金车身，蓄电池功率 44 kW，双电动机后轮驱动，曾经创造 106 km/h 的速度纪录。在以

后的 20 年间，电动汽车与蒸汽汽车展开了激烈的竞争。

③ 内燃机汽车时代。1866 年，德国工程师尼古拉斯·奥托成功试制出动力史上有划时代意义的四冲程煤气内燃机，这台内燃机被称为奥托内燃机而闻名于世。后来，人们一直将四冲程循环称为奥托循环。

1886 年 1 月 29 日被公认为是世界汽车的诞生日。德国人卡尔·本茨将煤气发动机改进为汽油发动机，并将其安装在一辆三轮车上，世界上第一辆三轮汽车"奔驰一号"诞生了。该车自身质量为 254 kg，装有三个实心橡胶轮胎的车轮，用钢管制成车架，发动机为单缸汽油机，最高车速为 18 km/h，可乘坐三人，此车具备了现代汽车的一些特点，如火花塞点火、水冷循环、钢管车架、钢板弹簧悬架、后轮驱动、前轮转向和制动把手等。这是世界上第一辆成功的以内燃机为动力的汽车，被认为是开辟了人类交通的新纪元。目前这辆汽车珍藏在德国慕尼黑科学技术博物馆，保存完好，仍可开动。

动画　奔驰一号

同时，德国另一位伟大的汽车发明家戈特利布·戴姆勒也制造出世界上第一辆四轮汽油机汽车。他们的发明创造，成为汽车发展史上最重要的里程碑，他们两人因此被世人尊称为"汽车之父"。

1897 年，德国人鲁道夫·狄塞尔成功地试制出了第一台柴油机，柴油机从设想变为现实经历了 20 年的时间。他的发明改变了整个世界，人们为了纪念他，就把柴油机称作狄塞尔柴油机。

动画　戈特利布·戴姆勒的第一辆四轮汽油机汽车

2. 世界汽车的发展史

现代汽车出现至今已有一百多年的历史，德国人发明了汽车；美国人发展了汽车；法国人以高科技推动着汽车；英国人以精心制作着汽车；日本人以雄心创新着汽车；中国人以壮志追赶着汽车。下面我们来看看世界汽车发展史上的三次重大变革。

（1）第一次变革——流水线大批量生产

第一次变革是美国福特汽车公司推出了 T 型车（图 1-3），发明了汽车装配流水线（图 1-4），实现了汽车史上首次大批量生产，使世界汽车工业的发展从欧洲转向美国。

动画　亨利·福特 T 型车

图 1-3　福特和他的 T 型车

图 1-4　福特汽车生产流水线

1914 年，福特将泰勒的流水生产线技术运用到汽车上，这种技术被后人称为装配线。装配线不仅有助于在装配过程中通过生产设备使零部件连续流动，而且便于对制造技能进行分工，把复杂技术简化、程序化。组装一辆汽车由原来的 750 min 缩短为 93 min，工厂单班生产能力达 1 212 辆。这就是后来为全世界汽车厂继承的汽车大批量生产方式的原型。

（2）第二次变革——汽车产品多样化

第二次世界大战以前，欧洲人就已经开始对美国汽车一统天下而不满。于是，以新颖的汽车产品，例如发动机前置前驱动，发动机后置后驱动，承载式车身，微型节油车等，尽量适应不同的道路条件、国民爱好等，与美国汽车公司抗衡。因此，形成了由汽车产品单一到多样化的变革。

欧洲的汽车公司针对美国车型单一、体积庞大、油耗高等弱点，开发了多姿多彩的新车型，实现了汽车产品多样化。例如：严谨规范的梅赛德斯·奔驰、宝马（图1-5），雍容华贵的劳斯莱斯、捷豹，神奇的甲壳虫（图1-6）、法拉利（图1-7），轻盈典雅的雪铁龙（图1-8），风靡全球的迷你等新车型纷纷亮相，多样化的产品成为最大优势，规模效益也得以实现。

图 1-5　1933 年宝马

图 1-6　1938 年甲壳虫

图 1-7　1947 年法拉利

图 1-8　1948 年雪铁龙

动画　世界汽车发展史（第三次变革）

（3）第三次变革——精益的生产方式

世界汽车工业的第三次变革发生在日本。日本汽车工业起步较晚，日本第一大汽车公司——丰田汽车公司和第二大汽车公司——日产汽车公司均创建于 1933 年。以丰田汽车公司为代表的几家汽车公司，将"全面质量管理"和"及时生产系统"两种新型管理机制应用于汽车生产。1967 年，日本汽车产量达到 1 100 万辆，超过美国汽车产量，跃居世界第一位。丰田轿车如图 1-9、图 1-10 所示。

第三次变革是日本通过完善管理体系，形成精益的生产方式，全力发展物美价廉的经济型汽车，推动了日本汽车工业的发展。

图 1-9　1936 年丰田 AA 型轿车　　　　图 1-10　1955 年丰田皇冠 RS 轿车

1973 年和 1979 年发生了两次世界石油危机，节约资源和降低石油消耗的造车理念让日本生产的小型轿车成为全世界的畅销品。由于日本实现了国内销售量和出口量双高速增长，迎来了日本汽车工业的发展，创造了世界汽车工业的发展奇迹。

3. 新中国汽车的发展史

新中国汽车制造业历时 70 年，经历了从"0"到"1"的突破。总体来说，中国汽车行业经历了百废待兴、破茧成蝶、突飞猛进三个大的风雨历程。

（1）百废待兴阶段

1953 年，在百废待兴阶段建设了新中国第一家汽车制造厂，之后陆续生产了中国制造的第一批汽车——解放牌 CA10 型载货汽车，中国制造的第一辆轿车——东风牌 CA71 型轿车，中国制造的第一辆检阅车，中国制造的第一辆使用国产转子发动机的卡车等（图 1-11）。

动画　新中国
汽车的发展史
（百废待兴阶段）

第一汽车制造厂建造完成，3 年后第一批解放卡车下线，中国制造第一批汽车就此诞生。

第一辆检阅车装配完成，在天安门前接受检阅。

1953 年　　　　　　　　　1959 年

1958 年　　　　　　　　　1969 年

中国制造的第一辆轿车驶下了生产线，第一辆中国制造轿车成功亮相。

2110 型旋转活塞式发动机

第一辆使用国产转子发动机的卡车下线！中国自主研发的能力举目可见。

图 1-11　百废待兴阶段

（2）破茧成蝶阶段

从载重汽车到轿车，中国汽车工业获得了长足的发展，形成了完整的汽车工业体系，开始全面发展。从改革开放开始，中国汽车工业进入了破茧成蝶阶段。1997年，国家统计局第一次将家用汽车列为城镇居民家庭耐用消费品进行了统计。从1997年到2007年，我国城镇居民家用汽车数量增长了30倍（图1-12）。

国产微型面包车迅速占据了大街小巷，改变了人们的出行方式。

1984年

1982年

1995年

合资法获得批示，推动了中国汽车工业的发展。

国产微型轿车占领了中国家庭轿车市场，国产轿车得到了人民的认可。

图1-12　破茧成蝶阶段

（3）突飞猛进阶段

进入21世纪，中国汽车工业在中国加入世界贸易组织（WTO）后驶入了快速发展的高速路，进入了一个市场规模和生产规模迅速扩大、自主创新、全面融入世界汽车工业体系的时期。随着汽车工业的不断发展，石油资源的日益减少，大气环境的污染严重，人们重新关注电动汽车。今后，中国汽车工业要把握好新能源汽车、汽车电子化和智能化创新模式带来的新的发展机遇，加大自主创新力度，切实提升产业技术能力，实现由大到强的转变（图1-13）。

4. 未来汽车的发展趋势

未来汽车的发展趋势主要集中在外形设计、性能优化、节能环保技术、智能化技术等方面。

（1）汽车外形设计

汽车外形设计的未来趋势主要有以下几个方面。

① 气动最优化。随着计算机网络技术的迅速发展，汽车生产企业能在更短的时间内开发出更多款式和车型。采用数字模型技术就能验证设计并确认汽车各方面性

首批纯电动汽车交付使用，新能源汽车得到世界认可。

2010年

2007年

2020年

《新能源汽车生产准入管理规则》正式实施，我国开始鼓励企业研究开发和生产新能源汽车。

位于上海的特斯拉超级工厂开始生产，新能源汽车发展已成为强有力的潮流。

图1-13 突飞猛进阶段

能，大大缩短开发时间。每一次造型的设计与改变是不断追求最佳气动造型的过程，人们一直在努力研究能够减小气动阻力且气动稳定性好的车身造型。气动最优化仍然是未来汽车造型发展追求的目标之一。

② 外形个性化。随着人们物质生活水平及审美观念的不断提高，人们对汽车造型也将提出越来越高的要求。再加上不同层次不同行业的人审美观念不同，大众化的车身造型已不能满足人们对汽车的需求。各式各样更加新颖奇特的车身造型将是未来汽车发展的又一方向。

③ 造型人性化。车身造型设计必须以人为本，体现人机协调，使用操作方便、舒适，使汽车适应人的各种生理和心理需求，从而提高工作效率、保障安全、维护健康。未来的车身造型设计将在车身外观设计、人机工程学以及室内环境等方面更加注意人性化发展。

（2）汽车性能优化技术

未来汽车将向着智能安全化方向发展。所谓智能安全化是指在汽车智能技术的推动下，未来汽车操纵会越来越简单，行驶安全性将越来越好，主要表现为以下几个方面。

① 主动安全技术。这是一种预防交通事故发生的技术，旨在帮助驾驶人在轻松和舒适的驾驶条件下避免交通事故的发生。主要包括：ABS（防抱制动系统）、VSC（车身稳定控制系统）、ESP（电子稳定系统）、EBD（电子制动力分配系统）、ASR（加速

防滑调节系统）等。主动安全装置在汽车接近失控时便会自行启动，利用机械及电子装置保持汽车的操控状态，以便于驾驶人恢复对车辆的控制，从而避免车祸意外的发生。在未来，这些主动安全系统的装备率将达到100%，汽车行驶安全性将越来越好。

② 被动安全技术。该技术是作用于交通事故发生之后，可通过一些特殊的保护装置来保护乘员的安全。高强度车身、安全带、主动头部保护系统、安全气囊等都属于被动安全装置设计。当汽车在已经发生意外事故且失控的状况下，这些被动安全系统将对车内人员进行被动的保护，尽可能使车内乘客固定在安全的位置，利用装置的引导与溃缩减少撞击的力度，从而最大限度地保护人员的安全。未来这些被动安全系统将越来越人性化、智能化。

（3）节能环保技术

动画 未来汽车的发展趋势（节能环保）

近年来，随着人们生活水平的不断提高及汽车行业的迅速发展，汽车已成为人们出门最普通的代步工具，带来的环境污染也越来越大，再加上能源逐渐紧缺，给未来汽车发展带来了一定的挑战。能源和环境正在成为影响世界汽车产业发展的两大决定性因素。目前，不断结合新技术对现有的内燃机进行改进，不断寻找新的燃料，新清洁环保汽车技术已成为未来汽车产业的主要发展方向。以纯电动、燃料电池、混合动力为代表的新能源汽车技术得到了突飞猛进的发展，且将成为汽车产业发展的主流。

（4）智能化技术

动画 未来汽车的发展趋势（智能化）

未来汽车将发明智能速度控制系统，在某些特殊路段或特殊行驶条件下对车速进行强制限制。发明智能轮胎能使汽车在不同行驶条件下保持最佳运行状态，在轮胎温度过高或气压太低时及时向驾驶人发出警报，防止事故发生。发明智能玻璃能保证驾驶人视线不受干扰，发生碰撞时又能起到保护作用，如防光防雨玻璃、防碎裂安全玻璃、调光玻璃等。发明红外夜视系统，让黑夜变成白昼，让夜间驾驶变得更轻松安全（图1-14）。在未来，自动驾驶技术得以真正实现并普及之后，急需要建立智慧交通，也就是建立各种道路设施以及通信设备。通过智慧交通可以使车辆得到更为准确的定位，自动驾驶系统也可以及时获取各种信号，尤其是车辆拥堵信息，从而在短时间内重新规划路线，以通过信息反馈来调度出行规划（图1-15）。除此之外，在音控技术、智能座椅（图1-16）、自动导航、电动汽车无线充电技术（图1-17）等方面也将进一步向智能化发展等。

图1-14 智能玻璃

图1-15 特斯拉自动驾驶汽车

图 1-16 智能座椅

图 1-17 电动汽车无线充电

汽车改变了社会，改变了人们的生活。随着汽车电子技术的飞速发展，将会有更多的新技术应用于汽车，未来汽车将沿着智能化方向发展。它将变得更加安全、节能环保、高效、舒适。

【任务小结】

1. 收集汽车进化史的相关资料，了解汽车的起源和现代汽车的诞生。
2. 收集汽车发展史的相关资料，熟知汽车工业的发展历程和未来汽车发展趋势。

【课后练习】

详见智慧职教数字课程。

工学任务二　理解传统汽车基础知识

PPT　传统汽车基础知识

微课　传统汽车基础知识

【学习目标】

1. 素质目标

（1）爱国守法、崇德向善、诚实守信。

（2）爱岗敬业、积极进取、团结协作。

（3）热爱劳动、沟通流畅、勇于创新。

（4）精益求精、工匠精神、7S 管理。

2. 知识目标

（1）认识汽车的概念。

（2）掌握汽车的种类和分类方式。

（3）熟悉汽车 VIN 码的表示方式及含义。

（4）掌握汽车的基本组成及各组成部分的功用。

3. 能力目标

（1）掌握通过网络收集汽车的相关基础知识，对汽车的概念、种类和分类方式进行分析总结的能力；并且通过理实一体的教学方式，掌握汽车的基本构造、各组成部分的功用及在结构上的相互联系。

（2）增强对汽车检修与维护技术方面的感性认知，加深对专业方面有关情况的了解。

【任务导入】

从 2009 年收购全球第二大自动变速器公司澳大利亚 DSI 起，吉利的野心开始一步步落在全球的版图上。2010 年，吉利完成对福特汽车公司旗下沃尔沃轿车公司的 100% 股权收购，2013 年完成对英国锰铜控股公司 100% 股权收购。2016 年 10 月 20 日，吉利在瑞典哥德堡旗下的第四个汽车品牌——LYNK & CO，与吉利汽车和锰铜成为战略发展的"三驾马车"。

三十年来吉利汽车的从无到有，从有到优，用行动书写了"坚守中跃进，跃进中坚守"的励志故事。这个低调奋进的汽车品牌正在用最简单有力的线条勾勒自己的"帝国梦"！

——《"坚守中跃进，跃进中坚守"吉利汽车三十年，不只是励志这么简单！》搜狐网

学习感悟

【课堂活动】

以4～6人为一个小组，首先分组收集汽车的相关基础资料，讨论后填入工单中。然后依据学生实训安全手册的要求和操作步骤，在教师的指导下完成本节工作任务，并填入实训工单。

实 训 工 单

1. 资料收集	
汽车的定义、种类和分类方式	

2. 分组实训

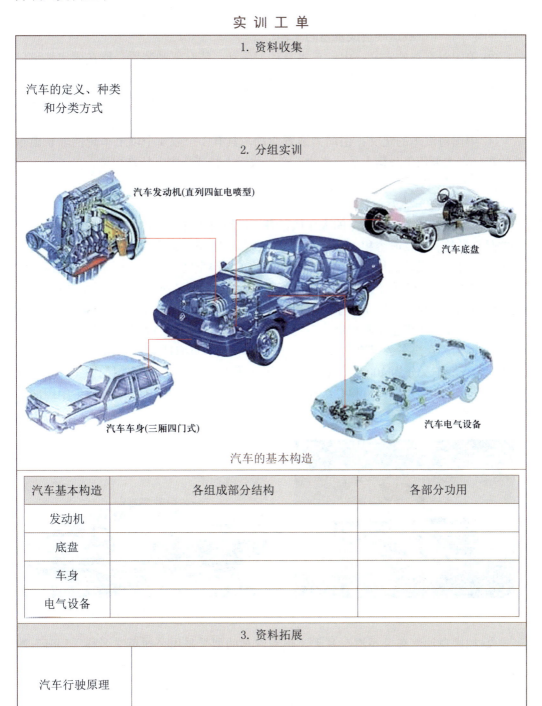

汽车发动机(直列四缸电喷型)

汽车底盘

汽车车身(三厢四门式)

汽车电气设备

汽车的基本构造

汽车基本构造	各组成部分结构	各部分功用
发动机		
底盘		
车身		
电气设备		

3. 资料拓展	
汽车行驶原理	

【相关知识】

1. 汽车的概念

汽车的概念与科学技术发展有着密切的关系，在不同的国家、不同的时期其含义不同。

① 德国对汽车的定义：汽车是使用液体燃料，用内燃机驱动，具有3个或3个以上的轮子，用于载运乘员或货物的车辆。

② 美国对汽车的定义：由汽车本身动力驱动，装有驾驶装置，能在固定轨道以外的道路或地域上运送客货或牵引车辆的车辆。

③ 日本对汽车的定义：自身装有发动机和操纵装置，不依靠固定轨道和架线能在陆地上行驶的车辆。

④ 中国对汽车的定义：由动力装置驱动，具有4个或4个以上车轮的非轨道承载的车辆，主要用于载运人员或货物，牵引载运人员或货物，特殊用途。

2. 汽车的种类

（1）国外汽车种类

动画　汽车的分类

汽车家族是一个种类繁多的大家族，各国汽车有不同分类标准，美国汽车种类可以按照乘客舱和货物舱容积大小分级，分为微型、小型、紧凑型、中型、大型。日本汽车种类可以按发动机排量和尺寸分为四轮轿车、小型轿车、普通轿车等。但国际常用的标准主要是德国的汽车分类标准。其等级划分主要依据轴距、排量、质量等参数，依据轴距、排量、质量，字母顺序越靠后，该级别车的轴距越长、排量和质量越大，汽车的豪华程度也不断提高。下面以几个德国汽车知名品牌举例说明。

① 德国大众汽车公司汽车种类。大众汽车种类标准有四类：A、B、C、D等级别。其中，A级汽车又分为A00级、A0级和A级（图1-18），相当于中国的微型、小型和普通轿车；B级（图1-19）和C级相当于中国的中高级轿车；D级车相当于中国的高级豪华汽车。

图1-18　A级POLO

图1-19　B级帕萨特

② 德国奥迪汽车公司汽车种类。奥迪汽车的型号是用公司英文名称"Audi"的第一个字母"A"打头，如A2、A3、A4、A6、A8等，A后面的数字越大，表示汽车等级就越高。A2、A3系列是小型轿车，A4系列是中级轿车，A6系列是高级轿车（图1-20），A8系列是豪华轿车，S3、S6、S8是高性能轿车，TT系列是跑车（图1-21）。

图1-20 奥迪A6系列

图1-21 奥迪TT系列

③ 德国奔驰汽车公司汽车种类。奔驰汽车公司的汽车有不同的车系，即车身系列，如W124、W140、W201等。每一种车系又有不同的型号。根据装备的档次和形式不同又分为5种级别：C级是小型轿车，E级是奔驰车最全面的一种系列（图1-22），S级是特级豪华轿车，SL级是敞篷跑车，G级是越野车（图1-23）。

图1-22 奔驰E级车

图1-23 奔驰G级

④ 德国宝马汽车公司汽车种类。宝马汽车公司主要有轿车、跑车和越野车三类。轿车有1、3、5、7、8等系列（图1-24），轿车型号第一个数字为系列号，数值越大表示档次越高。第2个和第3个数字表示排量。最后的字母：i表示燃油喷射，A表示自动挡，C表示双座位，S表示超豪华。跑车型号用Z打头，主打车型有Z3、Z4、Z8等，后面的数字越大表示级别越高（图1-25）。越野车用X打头，代表车型是X5，新能源车型为i系列，代表车型为i3、i8。

图1-24 BMW 5系

图1-25 BMW Z系

（2）国内汽车种类

根据现行的国家标准GB/T 3730.1-2001《汽车和挂车类型的术语和定义》分类方式，将汽车分为乘用车和商用车两大类。

① 乘用车。乘用车是指在其设计和技术特性上主要用于载运乘客及其随身行李和（或）临时物品的汽车，包括驾驶人座位在内最多不超过 9 个座位。它也可以牵引一辆挂车。乘用车分为 11 种，见表 1-1，表中给出的序号 1 ～ 6 乘用车俗称轿车。

表 1-1　乘用车（Passenger Car）分类

序号	术语	定义	举例图
1	普通乘用车（Saloon, Sedan）	车身：封闭式，侧窗中柱有或无。 车顶（顶盖）：固定式，硬顶，有的顶盖一部分可以开启。 座位：4 个或 4 个以上座位，至少两排。后座椅可折叠或移动，以形成装载空间。 车门：2 个或 4 个侧门，可有一后开启门	
2	活顶乘用车（Convertible Saloon）	车身：具有固定侧围框架的可开启式车身。 车顶（顶盖）：车顶为硬顶或软顶，至少有两个位置：（1）封闭；（2）开启或拆除。可开启式车身可以通过使用一个或数个硬顶部件和 / 或合拢软顶将开启的车身关闭。 座位：4 个或 4 个以上座位，至少两排。 车门：2 个或 4 个侧门。 车窗：4 个或 4 个以上侧窗	
3	高级乘用车（Pullman Saloon）	车身：封闭式，前后座之间可以设有隔板。 车顶（顶盖）：固定式，硬顶，有的顶盖一部分可以开启。 座位：4 个或 4 个以上座位，至少两排，后排座椅前可安装折叠式座椅。 车门：4 个或 6 个侧门，也可有一个后开启门。 车窗：6 个或 6 个以上侧窗	

续表

序号	术语	定义	举例图
4	小型乘用车（Coupe）	车身：封闭式，通常后部空间较小。 车顶（顶盖）：固定式，硬顶，有的顶盖一部分可以开启。 座位：2个或2个以上的座位，至少一排。 车门：2个侧门，也可有一个后开启门。 车窗：2个或2个以上侧窗	
5	敞篷车（Convertible）	车身：可开启式。 车顶（顶盖）：车顶可为软顶或硬顶，至少有两个位置，第一个位置遮覆车身；第二个位置车顶卷收或可拆除。 座位：2个或2个以上的座位，至少一排。 车门：2个或4个侧门。 车窗：2个或2个以上侧窗	
6	仓背乘用车（Hatchback）	车身：封闭式，侧窗中柱可有可无。 车顶（顶盖）：固定式，硬顶，有的顶盖一部分可以开启。 座位：4个或4个以上座位，至少两排。后座椅可折叠或可移动，以形成一个装载空间。 车门：2个或4个侧门，车身后部有一仓门	
7	旅行车（Station Wagon）	车身：封闭式。车尾有较大的内部空间。 车顶（顶盖）：固定式，硬顶，有的车顶一部分可以开启。 座位：4个或4个以上座位，至少两排。座椅的一排或多排可拆除，或装有向前翻倒的座椅靠背，以提供装载平台。 车门：2个或4个侧门，并有一后开启门。 车窗：4个或4个以上侧窗	

序号	术语	定义	举例图
8	多用途乘用车（Multipurpose Passenger Car）	上述七种车辆以外的，只有单一车室载运乘客及其行李或物品的乘用车。 但是，如果这种车辆同时具有下列两个条件，则不属于乘用车而属于货车： 1. 除驾驶人以外的座位数不超过 6 个；只要车辆具有可使用的座椅安装点，就应算"座位"存在。 2. $P-(M+N\times68)>N\times68$ 式中：P——最大设计总质量；M——整车整备质量与 1 位驾驶人质量之和；N——除驾驶人以外的座位数	
9	短头乘用车（Forward Control Passenger Car）	一种乘用车，它一半以上的发动机长度位于车辆前风窗玻璃最前点以后，并且转向盘的中心位于车辆总长的前四分之一部分内	
10	越野乘用车（Off-road Passenger Car）	在其设计上所有车轮同时驱动（包括一个驱动轴可以脱开的车辆），或其几何特性（接近角、离去角、纵向通过角，最小离地间隙）、技术特性（驱动轴数、差速锁止机构或其他形式机构）和它的性能（爬坡度）允许在非道路上行驶的一种乘用车	
11	专用乘用车（Special Purpose Passenger Car）	运载乘员或物品并完成特定功能的乘用车，它具备完成特定功能所需的特殊车身和 / 或装备，例如：旅居车、防弹车、救护车、殡仪车等	

② 商用车。商用车是在设计和技术特性上用于运送人员及其随身行李和货物的汽车，并且可以牵引挂车（但乘用车不包括在内）。 商用车分为以下 3 种车型，见表 1-2。

表 1-2　商用车（Commercial Vehicle）分类

序号	术语	定义	举例图
1	客车（Bus）	在设计和技术特性上用于载运乘客及其随身行李的商用车辆，包括驾驶人座位在内，座位数超过 9 座。客车有单层的或双层的，也可牵引一挂车。客车又可以细分为小型客车、城市客车、长途客车、旅游客车、铰接客车、无轨电车、越野客车、专用客车等 8 种类型	
2	半挂牵引车（Semi-trailer Towing Vehicle）	装备有特殊装置，用于牵引半挂车的商用车辆	
3	货车（Goods Vehicle）	一种主要为载运货物而设计和装备的商用车辆，它又可以细分为普通货车、多用途货车、全挂牵引车、越野货车、专用作业车、专用货车等 6 种	

现代汽车形式多种多样，当然汽车还有很多分类方法。比如按动力装置可分为内燃机汽车、电动汽车、燃气轮机汽车等。按发动机的位置和驱动形式可分为发动机前置后轮驱动（FR）、发动机前置前轮驱动（FF）、发动机后置后轮驱动（RR）、发动机中置后轮驱动（MR）和四轮驱动（4WD）等五种形式。还可以按行驶道路条件分为道路车辆和非道路车辆。

3. 汽车 VIN 码

为了有序地实行车辆产品管理，现代汽车都具有车辆识别代号（Vehicle Identification Number，VIN）。VIN 具有全球通用性、最大限度的信息承载性和可检索性，是全世界识别车辆的唯一"身份证"。 VIN 由一组字母和阿拉伯数字组成，

动画　汽车 VIN 码

共 17 位。从 VIN 中可以识别出车辆的生产国、制造公司或厂家、车的类型、品牌、车型系列、车身形式、发动机型号、车型年款、安全防护装置型号、检验数字、装配工厂名称、出厂顺序号码等。

正确解读 VIN 码，对于准确识别车型，正确进行诊断和维修是十分重要的。VIN 码主要由三个部分组成（图 1-26），第一部分（前 3 位）为世界制造厂识别代码（WMI）；第二部分（第 4～9 位）为车辆说明部分（VDS）；第三部分（第 10～17 位）为车辆指示部分（VIS），共 17 位字符，各字符代码含义如下。

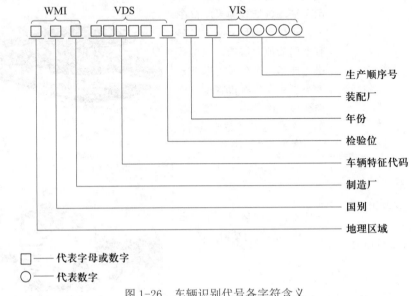

图 1-26　车辆识别代号各字符含义

① 世界制造厂识别代码，必须经过申请、批准和备案后方能使用，该代码由 3 个字码组成。第一个字码为地理区域字码：1～5 代表北美洲，S～Z 代表欧洲，6 和 7 代表大洋洲，A～H 代表非洲，J～R 代表亚洲，8、9 和 0 代表南美洲。第二个字码为一个特定地区内的一个国家的字码。第三个字码为国家机构指定的，用来标明某个特定的制造厂字码。我国实行的车辆识别代号中 WMI 的第一位是 L，表示中国，第二位和第三位表示制造厂。国内常见的汽车制造厂家的 WMI 代号为：上海大众（LSV）、一汽大众（LFV）、上海通用（LSG）、北京吉普（LEN）、长安汽车（LS5）。

② 车辆说明部分，用来表示车辆的主要参数和性能特征，由 6 位字码组成，其代号顺序由制造厂自行规定，但不允许空位。如果车辆制造厂不使用其中一位或几位字码，应在该位置填入制造厂选定的字母或数字占位。VDS 包括以下信息：车系；动力系统（如发动机型号、变速器形式）；车身形式；约束系统配置（如安全带）；第 9 位为检验位，用 0～9 或 X 表示。

③ 车辆指示部分：车辆指示部分由 8 位字码组成，其最后四位字码应是数字。第一位字码指示年份，年份代码按表 1-3 所列规定使用。第二位字码可用来指示装配厂，若无装配厂，制造厂可规定其他的内容。如果制造厂生产的某种类型的车辆年产量大于等于 500 辆，第三位至第八位字码表示生产顺序号。如果制造厂的年产量小于

500 辆，则此部分的第三～第五位字码应与第一部分的三位字码一起来表示一个车辆制造厂。

表 1-3　汽车生产年份代码表

年份	代码	年份	代码	年份	代码	年份	代码
1971	1	1981	B	1991	M	2001	1
1972	2	1982	C	1992	N	2002	2
1973	3	1983	D	1993	P	2003	3
1974	4	1984	E	1994	R	2004	4
1975	5	1985	F	1995	S	2005	5
1976	6	1986	G	1996	T	2006	6
1977	7	1987	H	1997	V	2007	7
1978	8	1988	J	1998	W	2008	8
1979	9	1989	K	1999	X	2009	9
1980	A	1990	L	2000	Y	2010	A

4.汽车的构造

汽车是由成千上万个零件组成的结构复杂的行驶机器。根据其动力装置、运送对象和使用条件的不同，汽车的外形和总体构造有较大的差异，但它们的基本构造是相同的，通常都是由发动机、底盘、车身、电气设备四大部分组成。

① 发动机。发动机可以说是汽车整车的"心脏"，是车辆行驶的动力源，其作用是使燃料的化学能在气缸内燃烧变成热能推动活塞运动转变成机械能。目前，国内外汽车采用的发动机大多数为活塞式内燃机，它一般由机体组、曲柄连杆机构、配气机构、燃料供给系统、点火系统（汽油机采用）、冷却系统、润滑系统、起动系统等部分组成（图 1-27）。

动画　发动机组成及工作原理

图 1-27　发动机

动画　汽车底盘及动力结构

② 底盘。底盘是汽车的基础，底盘的作用是支撑、安装汽车发动机及其各部件、

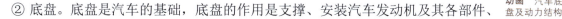

总成，形成汽车的整体造型，并接受发动机的动力，使汽车产生运动，保证正常行驶。底盘由传动系、行驶系、转向系和制动系四部分组成（图1-28）。

③ 车身。车身是汽车的壳体，是驾驶员工作的地方，也是搭载乘客和装载货物的场所。因此，车身应为驾驶人提供方便的操作条件，并为乘客提供舒适安全的环境，保证货物完好无损。也就是说，车身既是保安部件，又是承载部件。在现代汽车中，车身是技术与艺术的有机结合。轿车车身由本体、内部装饰和车身附件等组成（图1-29）。

图1-28　底盘

图1-29　车身

④ 电气设备。电气设备是汽车的重要组成部分，其性能的好坏直接影响到汽车的动力性、经济性、可靠性、安全性、排放性及舒适性等。电气设备一般是由电源（蓄电池、发电机）、起动系统、点火系统、空调以及照明、信号装置、音响等用电设备构成。但是，现在汽车上越来越多的装用各种电子设备，如发动机电控燃油喷射系统、电控点火系统、巡航系统等，底盘的电控转向系统、ABS系统、SRS系统等，它们用以管理汽车各部分的工作，从而显著提高了汽车的性能（图1-30）。

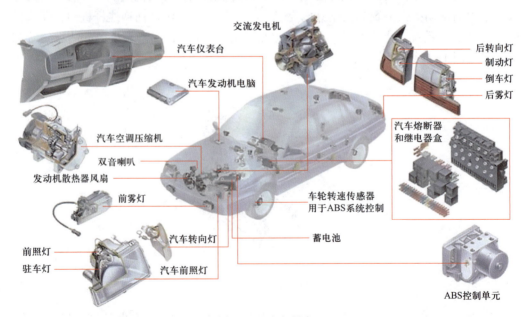

图1-30　电气设备

5. 汽车的主要特征参数和技术特性

汽车的主要特征和技术特性随所装用的发动机类型和特性的不同，通常有以下的结构参数和特性参数。

① 整车装备质量（kg）：汽车完全装备好的质量，包括润滑油、燃料、随车工具、备胎等所有装置的质量。

② 最大总质量（kg）：汽车满载时的总质量。

③ 最大装载质量（kg）：汽车在道路上行驶时的最大装载质量。

④ 最大轴载质量（kg）：汽车单轴所承载的最大总质量。与道路通过性有关。

⑤ 车长（mm）：汽车长度方向两极端点间的距离。

⑥ 车宽（mm）：汽车宽度方向两极端点间的距离。

⑦ 车高（mm）：汽车最高点至地面间的距离。

⑧ 轴距（mm）：汽车前轴中心至后轴中心的距离。

⑨ 轮距（mm）：同一车桥左右轮胎胎面中心线间的距离。

⑩ 前悬（mm）：汽车最前端至前轴中心的距离。

⑪ 后悬（mm）：汽车最后端至后轴中心的距离。

⑫ 最小离地间隙（mm）：汽车满载时，最低点至地面的距离。

⑬ 接近角（°）：汽车前端突出点向前轮引的切线与地面的夹角。

⑭ 离去角（°）：汽车后端突出点向后轮引的切线与地面的夹角。

⑮ 转弯半径（mm）：汽车转向时，外侧转向轮的中心平面在车辆支承平面上的轨迹圆半径。转向盘转到极限位置时的转弯半径为最小转弯半径。

⑯ 最高车速（km/h）：汽车在平直道路上行驶时能达到的最大速度。

⑰ 最大爬坡度（%）：汽车满载时的最大爬坡能力。

⑱ 平均燃料消耗量（L/100 km）：汽车在道路上行驶时每百公里平均燃料消耗量。

⑲ 车轮数和驱动轮数（$n \times m$）：车轮数以轮毂数为计量依据，n 代表汽车的车轮总数，m 代表驱动轮数。

【任务小结】

1. 收集传统汽车的相关基础资料，熟知汽车的定义、种类及分类方式。

2. 通过理实一体教学的方式，熟知汽车 VIN 码含义，汽车的基本构造及各组成部分的功用等。

3. 拓展阅读。汽车相关微信公众号，07 车谈，中国汽车报。

链接　07 车谈，中国汽车报

【课后练习】

详见智慧职教数字课程。

工学任务三　掌握新能源汽车基础知识

【学习目标】

1. 素质目标

（1）爱国守法、崇德向善、诚实守信。

（2）爱岗敬业、积极进取、团结协作。

（3）热爱劳动、沟通流畅、勇于创新。

（4）精益求精、工匠精神、7S 管理。

2. 知识目标

（1）认识新能源汽车。

（2）熟悉新能源汽车发展的历史背景。

（3）掌握新能源汽车的类型及其特点。

（4）熟悉我国新能源汽车技术发展路线。

3. 能力目标

（1）掌握通过网络收集新能源汽车的相关基础知识，对新能源汽车类型及其特点进行分析总结的能力；并且通过理实一体的教学方式，掌握纯电动汽车的基本构造、各组成部分的功用及在结构上的相互联系。

（2）增强对新能源汽车的了解和认知，提高对本专业的学习兴趣。

【任务导入】

　　早在 2007 年，吉利就开始了在新能源领域的研发部署，以远高于行业的研发投入，整合全球资源，加强和沃尔沃的技术协同，依托杭州、宁波、哥德堡和考文垂全球四大研发中心，在混动、纯电动、氢燃料电池、替代燃料等方面进行深入的研发部署，通过模块化、平台化、标准化，稳步推进新能源领域核心技术的开发和应用。

　　吉利控股集团总裁，吉利汽车集团 CEO、总裁安聪慧表示：" 新能源发展之路绝非朝夕可至，全球新一轮的技术革命正赋予我们从追随者变身为引领者。吉利定将顺应新时代发展，全面迈入新能源汽车时代。吉利不做新能源贵族和偏科生，要做务实的技术领先者，让消费者不仅买得起，更要用得起。"

——《吉利新能源时代序幕已经开启》汽车人

学习感悟

【课堂活动】

以 4～6 人为一个小组，首先分组收集新能源汽车（各组收集不同类型的新能源汽车）的相关基础资料，讨论后填入工单中。然后依据学生实训安全手册的要求和操作步骤，在教师的指导下完成本节工作任务，并填入实训工单。

实 训 工 单

1. 资料收集	
目标汽车的结构、特点及发展前景	

2. 分组实训
吉利帝豪 EV300 主要结构认知，包括各组成部分的功用及在结构上的相互联系。

吉利帝豪 EV300 新能源汽车主要组成部件

3. 资料拓展	
新能源汽车未来发展路线和关键技术	

【相关知识】

1. 新能源汽车的定义

根据我国汽车产业发展政策，2009 年在国家《汽车产业调整振兴计划》的指导下，公布了《新能源汽车生产企业及产品准入管理规则》。该规则明确指出，新能源汽车（New Energy Vehicles）是指采用非常规的车用燃料作为动力来源（或使用常规的车用燃料，但需采用新型车载动力装置），综合车辆的动力控制和驱动方面的先进技术，形成的技术原理先进，具有新技术、新结构的汽车。

动画 新能源汽车的定义和分类

动画　新能源汽车发展的历史背景

2. 新能源汽车发展的历史背景

汽车的发明与发展，为人类作出了巨大的贡献，同时也带来了急需解决的两大问题。

① 能源紧缺问题。全球汽车目前保有量已突破 12 亿辆，传统汽车使用的是汽油和柴油，均为一次性能源，使用后便不可再生，2001 年全球 57％的石油被汽车所消耗。按照目前已经开发的油田数量估计，到 2050 年全世界的石油就将遭遇枯竭危机，距离现在不过 30 年。即使把已勘探到还没有开发的油田数量一并计算在内，到 2100 年地球石油资源也将被消耗殆尽，汽车将面临能源短缺的严峻问题。我国也已成为石油的净进口国，2015 年进口石油达到消耗量的 60.6％，所以，节约能源，人人有责。

② 环境污染问题。大气污染，被称为社会一大公害，越是交通发达的国家，由汽车尾气排放的污染物越严重。根据检测分析，汽车尾气排放量已占大气污染源的 85％，汽车每年排向大气中的有害物质高达 7 亿吨，污染物主要是一氧化碳（CO）、碳氢化合物（HC）、氮氧化合物（NO_x）、硫化物（主要是 SO_2）、醛类和微粒（含碳烟）及其他一些有害物质。其中柴油汽车的微粒 PM 排放占排放总量约 30％。另外，汽车 CO_2 排放虽然无毒，但是会造成温室效应，导致全球气候变暖，目前 CO_2 排放中，25％来自汽车，2005 年为 281 亿吨，不容忽视。因此，交通产生的废气、噪声、振动等方面对环境的破坏，直接引起人类生活质量的降低。从可持续发展的观点来看，资源和能源是有限的，环境污染需要人类付出长久的代价。

为了解决汽车能源短缺、环境污染等社会问题，各国都制定了战略措施，发展新能源汽车。

3. 新能源汽车的分类

新能源汽车包括纯电动汽车（Battery Electric Vehicle，BEV）、混合动力电动汽车（Hybrid Electric Vehicle，HEV）、燃料电池电动汽车（Fuel Cell Electric Vehicle，FCEV）、太阳能汽车、醇燃料汽车及燃气汽车等。

（1）纯电动汽车

① 纯电动汽车的定义。纯电动汽车（BEV）指的是从车载储能装置获得电能，由电机驱动，同时满足道路安全法规对汽车的各项要求，允许在正规道路行驶的车辆（图 1-31）。

图 1-31　纯电动汽车（比亚迪宋 EV300）

② 纯电动汽车的组成。典型的纯电动汽车结构如图 1-32 所示。汽车行驶时，由动力蓄电池组输出电能（电流）通过控制器驱动电动机运转，电动机输出的转矩经传动系统带动车轮前进或后退。蓄电池的电能通过充电系统在车辆行驶一定里程后进行补充。

动画　纯电动汽车的结构及工作原理

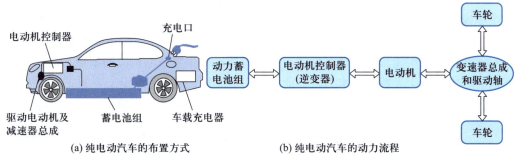

(a) 纯电动汽车的布置方式　　　　(b) 纯电动汽车的动力流程

图 1-32　纯电动汽车结构图

纯电动汽车主要由电力驱动及控制系统、驱动力传动等机械系统、完成既定任务的工作装置等组成。电力驱动及控制系统是电动汽车的核心，也是区别于内燃机汽车的最大不同点。电力驱动及控制系统主要由驱动电动机、电源和电动机调速控制装置等组成。其他装置基本与内燃机汽车相同。

电源。电源为电动汽车的驱动电动机提供电能，电动机将电源的电能转化为机械能。目前，电动汽车上应用比较广泛的电源除了铅酸蓄电池之外，还有镍镉电池、锂电池、燃料电池、飞轮电池等。

驱动电动机。驱动电动机的作用是将电源的电能转化为机械能，通过传动装置或直接驱动车轮和工作装置。目前，直流无刷电动机、永磁同步电动机和交流异步电动机在电动机上应用很广泛。

调速控制装置。电动机调速控制装置是为电动汽车的变速和方向变换等设置的，其作用是控制电动机的电压或电流，完成电动机的驱动转矩和旋转方向的控制。

传动装置。电动汽车传动装置的作用是将电动机的驱动转矩传给汽车的驱动轴，当采用电动轮驱动时，传动装置的多数部件常常可以忽略。比如传统内燃机汽车的离合器、差速器等。

行驶装置。行驶装置的作用是将电动机的驱动力矩通过车轮变成对地面的作用力，驱动车轮行走。它同其他汽车的构成是相同的，由车轮、轮胎和悬架等组成。

转向装置。转向装置是为实现汽车的转弯而设置的，其作用和结构与普通汽车相同，有机械转向、液压转向和液压助力转向等类型，目前还出现了电子控制的液压助力转向、电动助力转向等。

制动装置。电动汽车的制动装置也同其他汽车一样，是为汽车减速或停车而设置的，通常由制动器及其操纵装置组成。单在电动汽车上，一般还有电磁制动装置，它可以利用驱动电动机的控制电路实现电动机的发电运行，使减速制动时的能量转换成对蓄电池充电的电流，从而得到再生利用。

③ 纯电动汽车的特点及发展技术。纯电动汽车与内燃机汽车相比，具有以下优

点：a 零排放。纯电动汽车使用电能，在行驶中无废气排出，不污染环境。b 能源效率高。电动汽车的能源效率已超过汽油机汽车，特别是在城市中运行，行驶速度不高，电动汽车更加适宜。电动汽车在制动过程中，电动机可自动转化为发电机，实现制动减速时能量的再利用。c 结构简单。因使用单一的电能源，省去了发动机、变速器、油箱、冷却系统和排气系统等，所以结构较简单。d 噪声低。电动汽车无内燃机产生的噪声，电动机噪声也较内燃机小，这为车内人员提供了舒适的体验，但对于视力受损的行人需要依靠声音来辨别车流，可能增加危险，需要用喇叭提醒车来了（图 1-33）。e 节约能源。电动汽车的应用可有效地减少对石油资源的依赖。向蓄电池充电的电力可以由天然气、水力、核能、太阳能、风力等能源转化。除此之外，如果夜间向蓄电池充电，避开用电高峰，有利于电网均衡负荷，减少费用（图 1-34）。

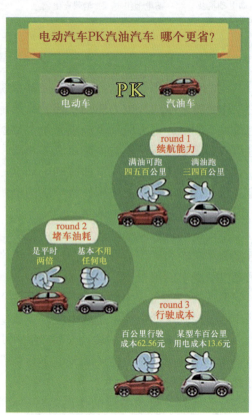

图 1-33　用喇叭提醒车来了　　　　图 1-34　电动汽车 PK 燃油汽车哪个更省钱

　　纯电动汽车与内燃机汽车相比，具有以下缺点：a 续驶里程较短，充电时间长。目前电动汽车尚不如内燃机汽车技术完善，尤其是动力蓄电池的寿命短，使用成本高，储能量小，一次充电后续驶里程较短。b 成本高。目前，纯电动汽车主要采用锂离子蓄电池，成本较高。c 安全性。锂离子蓄电池的安全性有待进一步提高。d 配套设施不完善。电动汽车的使用还远不如内燃机汽车使用方便，还要加大充电配套基础设施的建设。随着电动汽车技术的突破，特别是动力蓄电池容量和循环寿命的提高，价格的降低，以及充电配套设施的完善等，电动汽车的推广使用一定会得到大的发展。

（2）混合动力电动汽车

① 混合动力电动汽车的定义。混合动力电动汽车是指在特定的工作条件下，可以从两种或两种以上的能量存储器、能量源或能量转化器中获取驱动能量的汽车。混合动力汽车是介于内燃机汽车和电动汽车之间的一种车型，它是一种内燃机汽车向电动汽车过渡型的车辆，同时，也是一种"独立"型车辆（图1-35）。

图1-35 混合动力汽车（丰田Prius）　　图1-36 混合动力电动汽车

② 混合动力电动汽车的组成。混合动力汽车由小排量燃油发动机、发电机、电池组、驱动电动机、控制器和电气设备等组成。图1-36所示为混合动力汽车的基本组成。

动画 混合动力电动汽车的结构及工作原理

在日常行驶过程中，电脑根据实际情况选择最佳油－电工作模式工作。在市区慢速行驶时，由电动机提供动力，停车等待时，甚至连电动机也停止工作，不消耗动力，而电动机起动快、转矩大的优点正适合城市走走停停的使用。只有在蓄电池电能快耗尽时发动机才会工作，但此时发动机只为蓄电池充电，燃油消耗特别少。在高速公路巡航行驶时，系统会关闭电动机，只选择发动机工作。此时发动机处于连续工作状态，燃油经济性最佳，加上混合动力选用的发动机是小排量，所以比一般汽油汽车更省油。加速时电动机与发动机联合工作，加速性能相当出色。当踩下制动踏板进行减速时，系统会把多余的动能转化为电能储存到蓄电池中。

③ 混合动力电动汽车的种类。混合动力电动汽车与纯电动汽车相比，降低了对电池能量密度和容量的要求，减轻了电池部分的质量，有利于提高汽车的质量利用系数；动力性、续驶里程以及乘员的舒适性都得到了保证；无须增加充电设施，易于推广应用。与传统的燃油汽车相比，原动机经常处于最佳工况，降低了排放；能量自动回收，提高了能量利用率。

目前世界各国研究开发的混合动力电动汽车有不同的结构形式，根据其驱动系统的配置和组合方式不同，分为串联式、并联式和混联式3种，各自的结构形式和特点如下。

a. 串联式混合动力汽车。串联式混合动力电动汽车主要由发动机、发电机、驱动电动机和蓄电池组等部件组成（图1-37）。发动机仅仅用于发电，发电机所发出的电能供给电动机，电动机驱动汽车行驶。发电机发出的部分电能向蓄电池充电，来延长混合动力电动汽车的行驶里程。另外，蓄电池还可以单独向电动机提供电能来驱动电动汽车，使混合动力电动汽车在零污染状态下行驶。串联式混合动力汽车动力流程如图 1-38 所示。

图 1-37　串联式混合动力汽车系统结构

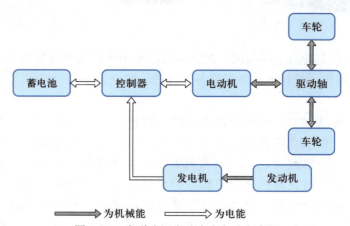

图 1-38　串联式混合动力汽车动力流程

　　b. 并联式混合动力汽车。并联式混合动力汽车系统结构主要是由发动机、电动机／发电机和蓄电池组等部件组成（图 1-39）。并联式驱动系统可以单独使用发动机或电动机作为动力源，也可以同时使用电动机和发动机作为动力源来驱动汽车。并联式混合动力汽车动力流程如图 1-40 所示。

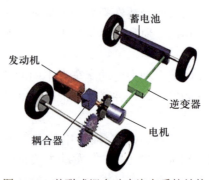

图 1-39　并联式混合动力汽车系统结构

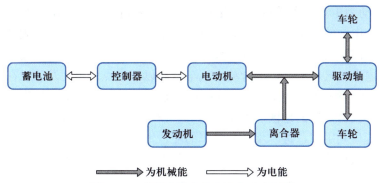

图 1-40　并联式混合动力汽车动力流程

c. 混联式混合动力汽车。混联式驱动系统是串联式与并联式的综合，系统结构如图 1-41 所示。它主要由发动机、发电机、电动机、行星齿轮机构和蓄电池组等部件组成。丰田 Prius 所采用的混合驱动方式，它将发动机、发电机和电动机通过一个行星齿轮装置连接起来。动力从发动机输出到与其相连的行星架，行星架将一部分转矩传送到发电机，另一部分传送到电动机并输出到驱动轴。此时车辆并不是串联式或者并联式，而是介于串联和并联之间，充分利用两种驱动方式的优点。混联式混合动力汽车动力流程如图 1-42 所示。

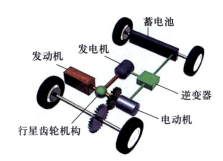

图 1-41　混联式混合动力汽车系统结构

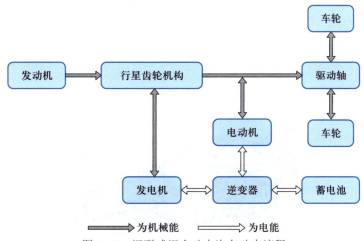

图 1-42　混联式混合动力汽车动力流程

④ 混合动力电动汽车的特点及发展技术。与纯电动汽车相比，混合动力汽车具有以下优点：电池的容量减小，使整车自重减小、成本有所降低。续驶里程和动力性可达到内燃机汽车的水平。不需要建设庞大的充电设施，不需要每天充电维护。

与传统内燃机汽车相比，混合动力汽车具有以下优点：可使发动机在最佳的工作区域稳定运行，降低发动机的油耗、排放污染和噪声。可实现纯电动模式，在居民区、市中心等人员密集的地区，关闭发动机，实现零排放。通过电动机回收制动时的能量，提高能量利用率，进一步降低汽车的能量消耗和排放污染。

混合动力汽车的缺点：混合动力汽车比起燃油汽车，其最大的缺点就是动力性和加速性差一些。有两套动力，再加上两套动力的管理控制系统，结构复杂，技术较难，维修保养费用相对较高。

混合动力汽车的节油方式：短暂停车时可关闭发动机，再行驶时利用电动机迅速地重起发动机，大大减少甚至消除了发动机怠速。制动时利用电动机的发电机模式来回收制动能量，而传统汽车的机械制动中这些能量转化为热量散发。设计时，混合动力汽车发动机功率可选得比传统汽车小，发动机设置在高效率区稳定工作，加速、爬坡的峰值功率由电动机提供。

混合动力汽车未来发展的关键技术主要集中在混合动力单元技术、控制策略技术、能量存储技术等方面。例如，混合动力单元要求能够快速起动和关闭，在燃烧系统的优化、尾气处理以及代用燃料的研究等方面来提高燃油经济性；根据不同的混合动力驱动系统制定和优化其控制策略是混合动力汽车开发中最关键的技术环节；还有蓄电池的开发和充放电特性的研究也是电动汽车上的一项关键内容。能量储存装置的研究应该包括以下几个方面：一是研究电池内部的连接、检测、监控；二是电池设计和制造方面的改进，降低制造成本，改善电池的性能和提高寿命；三是电池的热能管理及剩余电量管理，电池的剩余电量直接影响混合动力汽车的经济性和排放，因此需要有效的测试方法和控制装置。

（3）燃料电池电动汽车

① 燃料电池电动汽车的定义。采用燃料电池作为电源的电动汽车称为燃料电池电动汽车（FCEV）。燃料电池电动汽车一般以质子交换膜燃料电池（PEMFC）作为车载能量源。燃料电池（DCFD）是一种将储存在燃料和氧化剂中的化学能通过电极反应直接转化为电能的高效发电装置。燃料可以是氢气、甲醇、石油气、甲烷及其他能分解出氢的烃类化合物等。目前大多数燃料电池汽车使用压缩氢气或液化氢气作为燃料，如图 1-43 所示。

图 1-43 燃料电池电动汽车（丰田 Mirai）

② 燃料电池电动汽车的组成。目前燃料电池电动汽车绝大多数采用的是混合式燃料电池驱动系统，将燃料电池与辅助动力源相结合，燃料电池可以只满足持续功率需求，借助辅助动力源提供加速、爬坡等所需的峰值功率，而且在制动时可以将回馈的能量储存在辅助动力源中（图1-44）。混合式燃料电池动力系统主要由燃料电池发动机、辅助动力源、DC/DC转换器、DC/AC逆变器、电动机等组成（图1-45）。

动画　燃料电池汽车的构成及工作原理

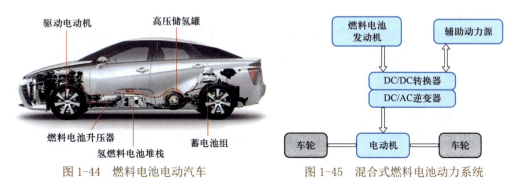

图1-44　燃料电池电动汽车　　　　　图1-45　混合式燃料电池动力系统

a. 燃料电池发动机。燃料电池发动机中，为保证燃料电池组的正常工作，除以燃料电池组为核心外，还装有氢气供给系统、氧气供给系统、气体加湿系统、反应生成物的处理系统、冷却系统和电能转换系统等。

b. 辅助动力源。根据燃料电池电动汽车的设计方案不同，其所采用的辅助动力源也有所不同，可以用蓄电池组、飞轮储能器或超大容量电容器等共同组成双电源系统，驱动电动机实现各种行驶驱动模式。

c. DC/DC转换器。燃料电池只提供直流电，电压和电流随输出电流的变化而变化。燃料电池不可能接受外电源的充电，电流的方向只是单向流动。燃料电池电动汽车采用的辅助电源（蓄电池和超级电容器）在充电和放电时，也是以直流电的形式流动，但电流的方向是可逆性流动。燃料电池电动汽车上的各种电源的电压和电流受工况变化的影响呈不稳定状态，为保证燃料电池电动汽车的正常运行，燃料电池电动汽车的燃料电池需要装置单向DC/DC转换器，蓄电池和超级电容器需要装置双向DC/DC转换器。

d. 驱动电动机。燃料电池电动汽车用的驱动电动机主要有直流电动机、交流电动机、永磁电动机和开关磁阻电动机等。燃料电池汽车驱动电动机的选型必须结合整车开发目标，综合考虑电动机的特点。

e. 动力电控系统。燃料电池电动汽车的动力电控系统主要由燃料电池发动机管理系统(FCE-ECU)、蓄电池管理系统(BMS)、动力控制系统(PCU)及整车控制系统(VMS)组成。

③ 燃料电池电动汽车的特点及发展技术。燃料电池电动汽车的优势：

a. 绿色环保。燃料电池没有化学燃烧过程，当使用氢作燃料时，排放物只有水，属于零排放，当使用甲醇、汽油等作为直接燃料或用于重整制氢时，生产物除水之外只有少量的 CO_2，排放很低。

b. 能量效率高。燃料电池的工作过程是化学能转化为电能的过程，不受卡诺循环的限制，能量转换效率较高，可以达到50％以上。

c. 车辆的续驶里程长，采用燃料电池系统作为能量源，克服了纯电动汽车续驶里程短的缺点，燃料电池汽车的长途行驶能力接近于传统燃油汽车。

d. 低噪声。燃料电池属于静态能量转换装置，除了空气压缩机和冷却系统以外无其他运动部件，因此与内燃机汽车相比，运行过程中噪声和振动都较小。

e. 部件布置灵活。在空间和质量上都可对燃料电池组、电动机、辅助设备等部件进行灵活的布置。

汽车业界普遍认同的一个观点是，燃料电池技术是内燃机技术最好的替代物，代表了汽车未来的发展方向。虽然燃料电池汽车有诸多的优点，但是燃料电池电动汽车的商业化推广仍然存在一些不足，比如：燃料电池汽车的制造成本和使用成本过高；经济且无污染地获取纯氢燃料还存在技术难点；起动时间长，系统抗振能力还需提高；供应燃料辅助设备复杂，且质量和体积较大；加氢站等基础网络设施建设几乎很少等。因此，解决燃料电池汽车的性能与成本、燃料供应与基础设施这些方面的问题将成为发展燃料电池汽车实用化的关键。

（4）太阳能汽车

动画　太阳能汽车

太阳能汽车是靠太阳能驱动的汽车，这是与传统内燃机驱动汽车的最大不同点。从某种意义上讲，太阳能汽车也是电动汽车（图1-46）。不同之处在于电动汽车的蓄电池是靠工业电网充电的，而太阳能汽车用的则是太阳能电池，太阳能电池将太阳能转化为电能后，输出的直流电存储在蓄电池中，再将直流电转换成交流电，驱动电动机旋转从而带动汽车行驶。

太阳能汽车作为一种新型的绿色交通工具，它具有零排放、噪声低、能源补充来源广等优点。但因太阳能电池板的转换效率太低，目前只能用于短途或者行车速度较低的场合。此外，太阳能汽车的动力供应还受天气的影响。

图1-46　太阳能汽车

图1-47　甲醇汽车

（5）醇类燃料汽车

醇类燃料汽车是利用醇类燃料做能源驱动的汽车（图1-47）。醇类燃料一般是指甲醇和乙醇。醇类燃料汽车发展较早，到目前为止，在技术方面和成本上已达到实用阶段。

醇类燃料汽车，燃烧清洁，能够大幅度降低常规有害物质的排放，使其中的碳氢化合物（HC）、氮氧化合物（NO_x）、一氧化碳（CO）、二氧化碳（CO_2）和颗粒物的排放浓度显著降低，具有良好的环保特点。醇类燃料作为汽车燃料还具有如下优点：比如可燃界限宽，燃烧速度快，可以实现稀薄燃烧；辛烷值高，可采用高压缩比提高热效率；对传统的发动机有继承性，特别是使用汽油－醇类混合燃料时，发动机结构可以不变。醇类燃料的来源很丰富，常温下是液体，操作容易，储运方便，是理想的石油替代产品。因此，在环保与能源的双重压力下，醇类燃料发动机作为新型的汽车动力源，呈现出良好的发展前景。但醇类燃料代替化石燃料又存在一些缺点，比如热值低、醇混合燃料容易发生分层、腐蚀性强、甲醇有毒等，所以对醇类燃料汽车发展的一些争议问题，包括醇燃料适应性、安全性、对人体及环境影响，以及醇类燃料汽车的可靠性、先进性、非常规排放等问题需进行科学试验、检验和论证，形成科学结论，解决醇类燃料汽车产业发展中存在的认识问题。

（6）燃气汽车

燃气汽车是指用压缩天然气（CNG）、液化石油气（LPG）和液化天然气（LNG）作为燃料的汽车，如图1-48所示。

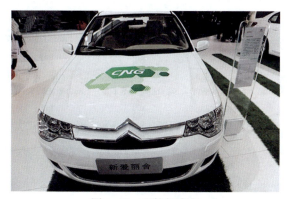

图1-48　天然气汽车

近年来，燃气汽车由于其排放性能好，可调整汽车燃料结构，运行成本低，技术成熟，安全可靠，被世界各国公认为当前最理想的替代燃料汽车。其中，天然气汽车以其低排放性、可抑制温室效应和摆脱对石油的依赖这三大特性，正在世界范围内得到普及和推广，成为21世纪新能源汽车工业发展的一个重要方向。但发展燃气汽车仍面临诸多难题。比如，标准规范欠缺。车用液化石油气加气站和车用压缩天然气加气站的设计规范、车用气体燃料（LPG、CNG）等国家标准尚未完成；关键零部件的技术水平还有差距，环保效果不够显著；加气站等基础设施建设滞后，关键设备与产业化有待突破；改烧天然气后发动机功率下降等，这些都是发展燃气汽车亟待解决的关键问题。

4. 我国新能源汽车技术发展路线

在过去的十几年里，我国在纯电动、混合动力及燃料电池汽车，电池、电机及其管理控制技术开发，整车控制与集成等关键技术均取得了较大改进与突破。在电动汽车科技发展"十二五"专项规划中，也明确提出了我国电动汽车发展的技术路线。图1-49所示为新能源汽车未来展望，应从培育战略性新兴产业角度看，发展电气化程度比较高的"纯电驱动"电动汽车是我国新能源汽车技术的发展方向和重中之重。第二，继续坚持"三纵三横"的研发布局，如图1-50所示。也就是建立以燃料电池汽车、

动画　国内外
新能源汽车发
展战略

混合动力汽车和纯电动汽车动力系统技术平台为"三纵",以燃料电池和动力蓄电池技术、电驱动系统技术及共性基础技术为"三横"的电动汽车"三纵三横"的研发布局,形成了中国特色的电动汽车研发体系。同时,高度重视新一轮科技革命环境下新能源汽车技术与可再生能源、智能电网、智能交通等新型能源和交通系统技术的融合发展,应鼓励以电动汽车技术为核心的技术交叉融合创新。

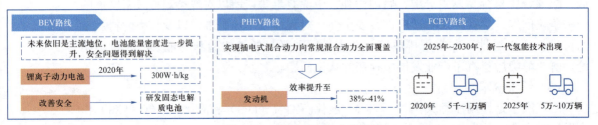

图 1-49 新能源汽车未来展望

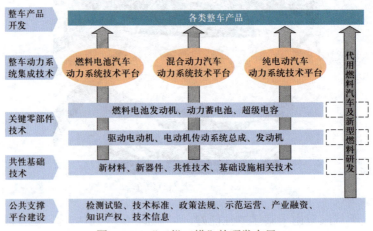

图 1-50 "三纵三横"的研发布局

【任务小结】

1. 收集新能源汽车的相关基础资料,熟知新能源汽车的定义、类型及新能源汽车技术发展路线。

2. 通过理实一体的教学方式,掌握纯电动汽车的基本构造、各组成部分的功用。

【课后练习】

详见智慧职教数字课程。

项目二　汽车品牌文化

工学任务一　熟悉国内汽车公司及品牌

【学习目标】

1. 素质目标

（1）爱国守法、崇德向善、诚实守信。

（2）爱岗敬业、积极进取、团结协作。

（3）热爱劳动、沟通流畅、勇于创新。

（4）精益求精、工匠精神、7S 管理。

2. 知识目标

（1）认识国内常见主流汽车公司及品牌。

（2）认识国内常见汽车公司的主流车型。

（3）熟悉国内汽车公司的发展历史与企业文化。

（4）熟悉国内汽车公司的车标及发展战略。

3. 能力目标

（1）掌握通过网络收集国内汽车公司相关信息，对企业文化和发展战略进行分析的能力。

（2）热爱自主品牌汽车，增强民族自豪感。

PPT　国内汽车公司及品牌

微课　国内汽车公司及品牌

【任务导入】

国内第一家民营造车企业、发布中国第一款跑车的自主品牌、自主研发国内第一款自动变速器、第一个实现收购老牌豪华汽车品牌的中国车企——吉利创造了中国汽车史上无多个"第一"。可是谁能想到，当初这个名不见经传的民营小企业，在群雄林立的汽车市场仅仅用了20年时间，便成长为覆盖100多个国家4 000家销售网点的大型汽车集团。

从白手起家到全球500强，从单一品牌到跨国车企，从筚路蓝缕到举世瞩目，吉利的造车路，是一部改革开放后民营企业的成长变迁史。这30余年的发展，对于一家民营车企而言，是令人肃然起敬的。而吉利的传奇之路还在继续……

未来，吉利汽车将秉承"总体跟随，局部超越。重点突破，招贤纳士，合纵连横，后来居上"的总体发展战略方向，保持战略定力，坚定技术自信、产品自信、品牌自信和文化自信，提升核心技术能力，引领品牌向上，不断增强全球化体系化竞争能力，持续推动企业健康、稳定、高质量发展。

——大国品牌 民企典范 《中国车企名录》之吉利

学习感悟

【课堂活动】

以 4～6 人为一个小组，分组收集国内汽车公司（各组收集不同的汽车公司）的相关资料，讨论后填入工单中。

实 训 工 单

1. 资料收集	
目标公司的基本情况	
2. 分组讨论	
目标公司的主流车型	
目标公司的企业文化	
3. 资料拓展	
目标公司主要品牌的车标	

【相关知识】

1. 国内汽车品牌发展概况

从 1949 年到 2019 年，我国经历了 70 年的风雨历程。汽车产业也同新中国一起成长起来，从无到有，从"懵懂无知"到不断创新学习，如今我国已经成为世界汽车制造大国，从 2008 年到 2019 年连续十一年蝉联全球汽车销量第一。

我国的汽车行业比欧美国家晚了很多年，却后来居上成为佼佼者。以长安、吉利、长城为代表的中国品牌，连续多年销量突破百万辆，跻身百万销量俱乐部。中国民营汽车的代表——吉利，2018 年度累计销售总量达 150.1 万辆（含领克），同比增长 20.3%，为吉利汽车 2020 战略深度铺垫。

吉利、长安、长城等中国品牌销量的崛起，成为乘用车市场中一支不容小觑的力量，这样的成绩，也让很多合资企业望尘莫及。观致、WEY、领克等形成了中国品牌高端化的新阵营，让人愈发感觉到中国汽车品牌在新时代的明显变化。接下来，比亚迪、荣威、传祺等也都会推出自己的高端化产品，共同推进产业发展，加速时代变革。

2. 国内常见汽车公司

（1）一汽集团

中国一汽是新中国汽车工业的发源地，是举国体制孕育的结晶。一汽集团的前身

视频　一汽品牌简介

为 1953 年创立的第一汽车制造厂。1956 年国产第一辆"解放"牌卡车驶下总装配线，结束了新中国不能生产汽车的历史。1958 年制造出新中国第一辆东风牌小轿车和第一辆红旗牌高级轿车。目前一汽集团拥有红旗、奔腾等多个自主品牌以及一汽大众、一汽丰田等合资品牌，如图 2-1 所示。

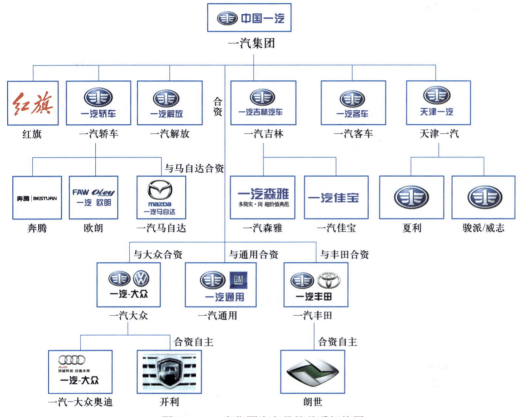

图 2-1　一汽集团汽车品牌关系架构图

（2）东风汽车

20 世纪 60 年代，国家决定在内陆地区建立中国二汽。1969 年，"第二汽车制造厂"在湖北十堰开始兴建。1992 年，"二汽"正式更名为东风汽车公司。到目前为止，东风自主品牌乘用车已形成东风风神、东风风行、东风风光、东风启辰等多个子品牌齐头并进、协同发展的格局。同时拥有东风标致、东风雪铁龙、东风日产、东风本田、东风悦达起亚等多家合资品牌，如图 2-2 所示。

（3）上汽集团

1956 年，上海多家汽车、内燃机配件和修理厂等联合成立了上海汽车装配厂，开启了自己的艰苦创业之路。1958 年，上海汽车装配厂试制成功了第一辆凤凰牌中高级轿车。1995 年改制为上海汽车工业（集团）总公司，简称上汽集团。2007 年，上汽与南汽合并，之后通过合资以及海外并购，逐步形成了包括乘用车公司、上汽大通、上汽大众、上汽通用、上汽通用五菱、南京依维柯、上汽依维柯红岩、上海申沃等在内的知名企业，如图 2-3 所示。

视频　东风品牌简介

视频　上汽品牌简介

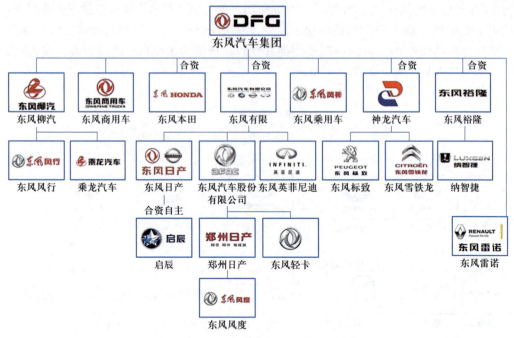

图 2-2   东风汽车品牌关系架构图

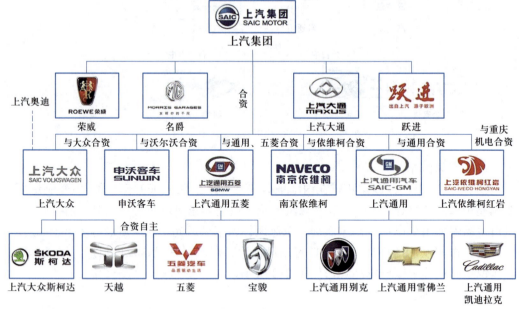

图 2-3   上汽集团汽车品牌关系架构图

（4）长安汽车

长安汽车拥有 157 年历史底蕴、35 年造车积累。20 世纪 80 年代，长安首次试水汽车领域，并成为微型汽车的领跑者。21 世纪初，长安开始进入中国品牌乘用车领域，并于 2006 年实现累计产销量突破 1 000 万辆，也是第一家跨入千万辆俱乐部的中国品牌。2018 年，长安汽车开启了"第三次创新创业计划"，以创新为驱动，开始了新的蓝图。除了自主品牌以外，还拥有长安福特、长安马自达、长安标致雪铁龙、江铃控股等合资合作企业（图 2-4，其中 2019 年底，长安汽车将所持有长安标致雪铁龙的 50%股权全部转让给了宝能汽车）。

图 2-4　长安汽车品牌关系架构图

（5）广汽集团

1985 年的广州标致项目最终折戟沉沙。自 1998 年开始广汽集团逐渐发展出了广汽本田、广汽丰田、广汽菲亚特克莱斯勒、广汽三菱等数家合资品牌（图 2-5）。同时，逐步形成了一种自主发展的思维，即通过合资合作，兼并吸收，夯实自身的基础，然后形成广汽的核心竞争力。2007 年，广汽集团创立了传祺品牌和广汽乘用车。广汽传祺在竞争愈加充分的中国市场，杀出了一条血路，成为了一个成功的中国品牌。2017 年，广汽集团与腾讯签署了战略合作框架协议，拉开了致力于智能网联技术对汽车进行颠覆性创新的又一个序幕。

视频　广汽品牌简介

（6）北汽集团

作为中国汽车的骨干企业，北汽集团的发展历史可追溯到 60 多年前，在新中国汽车工业的光辉发展历程中扮演了重要角色，形成了以北京越野车为代表的民族品牌经典。目前，北汽集团旗下拥有北京汽车、北汽越野车、昌河汽车、北汽新能源、北汽福田、北京现代、北京奔驰、北京通航、北汽研究总院等知名企业与研发机构。以北京为中心，北汽集团建立了分布全国十余个省市的自主品牌乘用车整车基地、自主品牌商用车整车基地、新能源整车基地、合资品牌乘用车基地和通用航空产业基地，研发体系布局全球五国七地（图 2-6）。

视频　北汽品牌简介

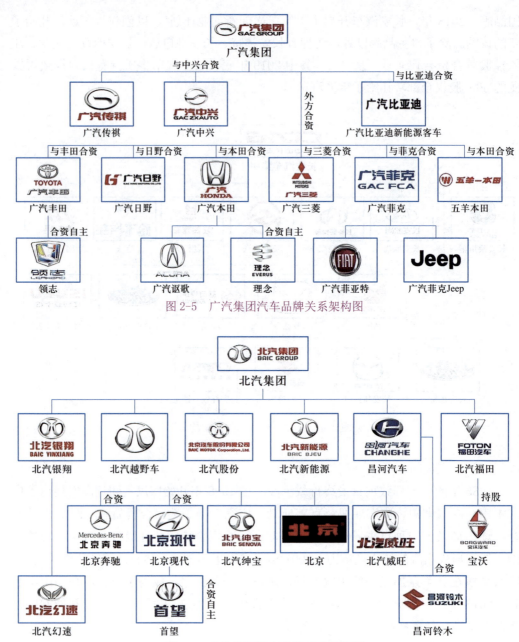

图 2-5　广汽集团汽车品牌关系架构图

图 2-6　北汽集团汽车品牌关系架构图

（7）江淮汽车

安徽江淮汽车集团股份有限公司成立于 1999 年，前身为合肥江淮汽车制造厂。2010 年，江淮汽车签约美国纳威斯达、卡特彼勒合作生产发动机和中重卡车。目前，安徽江淮汽车集团股份有限公司是一家集全系列商用车、乘用车及动力总成研产销于一体、以"先进节能汽车、新能源汽车、智能网联汽车"并举，涵盖汽车出行、金融服务等众多领域的综合型汽车企业集团。江淮汽车与德国大众汽车等建有合资公司（图 2-7）。

视频　江淮品牌简介

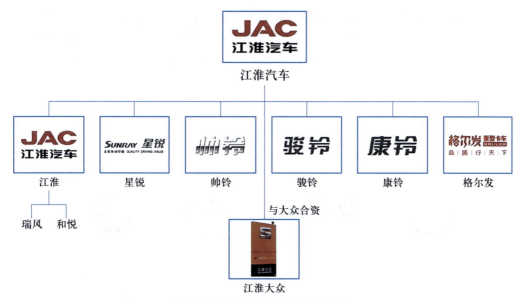

图 2-7　江淮汽车品牌关系架构图

（8）奇瑞汽车

1997 年，奇瑞汽车股份有限公司在安徽芜湖首次建厂。当时的奇瑞没有厂房，没有资金，没有工人，没有技术，怀着一颗热腾腾的心的创业者们临时找了几间废弃的砖瓦厂的茅草房子立足，那便成了奇瑞公司最早的源头——小草房。20 多年来，奇瑞没有走"借'机'生蛋"的捷径，没有拼凑造车，而是铆足了劲"死磕"自主研发，反而铸就了奇瑞的核心竞争力。奇瑞旗下拥有奇瑞、开瑞、凯翼、观致（目前大部分股份由宝能集团持有）等自主品牌以及奇瑞捷豹路虎一个合资品牌（图 2-8）。截至 2019 年，奇瑞出口量连续 16 年位居自主品牌第一，出口范围达 80 多个国家和地区，在海外有近 1 200 家销售网店。

视频　奇瑞品牌简介

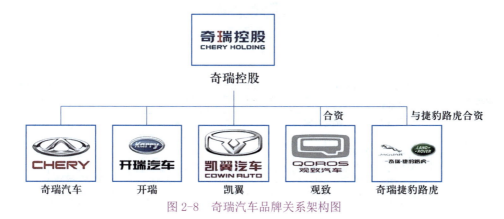

图 2-8　奇瑞汽车品牌关系架构图

（9）华晨汽车

华晨集团的历史可追溯到 1949 年成立的国营东北公路总局汽车修造厂。20 世纪末，华晨汽车通过上市融资、收购、引进新技术等一系列动作，开创了中国企业海外融资第一案。1998 年，中华 M1 工厂开始启动建设，三年之后，拥有自主知识产权的"中华"

视频　华晨品牌简介

牌轿车下线。2003 年，与豪华品牌宝马的成功联姻，让华晨汽车在中国汽车市场中的地位更上一层楼。目前，华晨汽车旗下有"中华"、"金杯"、"华颂"三大自主品牌以及"华晨宝马"、"华晨雷诺"两大合资品牌，产品覆盖乘用车、商用车全领域（图 2-9）。

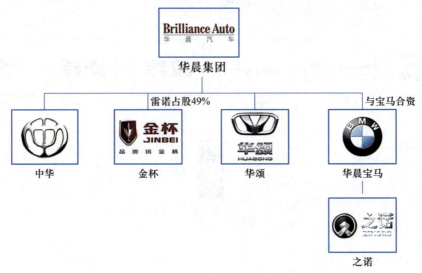

图 2-9　华晨汽车品牌关系架构图

（10）福汽集团

福建省汽车工业集团有限公司成立于 1992 年，是福建省汽车工业的核心企业。福汽集团旗下拥有金龙汽车、福建奔驰、东南汽车、新龙马汽车等 6 大控参股整车企业，以及集团汽车工程研究院、金龙礼宾车、福奔汽车、金龙车身、金龙汽车空调、金龙汽车座椅、江申车架、星联汽配、蓝海物流、东南汽贸、福汽汽车租赁、福汽汽车展览、四川福奔汽车贸易等产业链上下游企业，如图 2-10 所示。

图 2-10　福汽集团汽车品牌关系架构图

（11）吉利汽车

吉利集团创建于 1986 年，1994 年进入摩托车行业，1997 年开始进入汽车行业。创业之初，面临着资金不足、经验不足、大环境艰难等三大难题。吉利乘上中国经济

视频　福汽品牌简介

视频　吉利品牌简介

发展的春风，在发展初期还恰逢中国加入 WTO 的历史机遇，最终在激烈的市场站稳脚跟。目前吉利集团旗下拥有吉利汽车、领克汽车、沃尔沃汽车、Polestar、宝腾汽车、路特斯汽车、伦敦电动汽车、远程新能源商用车、太力飞行汽车、曹操专车、荷马、盛宝银行、铭泰等众多国际知名品牌（图 2-11）。各品牌均拥有各自独特的特征与市场定位，相对独立又协同发展。

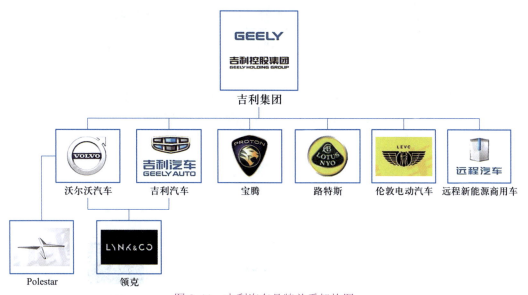

图 2-11 吉利汽车品牌关系架构图

（12）比亚迪汽车

比亚迪是由王传福于 1995 年创立的生产电池的公司，2003 年电池的产量达到世界第一并开始进入汽车行业。2006 年，比亚迪的第一款搭载磷酸铁锂电池的 F3e 电动车研发成功，经过 20 多年的高速发展，比亚迪形成了涵盖电子、汽车、新能源和轨道交通等领域的集团。目前，比亚迪占据了中国新能源汽车市场 30％以上的份额，足迹遍布五大洲 36 个国家和地区，超过 150 个城市。2010 年，比亚迪与戴姆勒合资成立了新能源汽车品牌——腾势（图 2-12）。比亚迪目前有 6 000 多辆纯电动大巴车在全球运营，累计行驶里程已经超过 1.4 亿 km。通过把可充电电池和电动汽车两个主业的嫁接，比亚迪在出行领域发挥着举足轻重的作用，从能源的获取、存储，再到应用，全方位构建零排放的新能源整体解决方案。

视频 比亚迪品牌简介

（13）长城汽车

1990 年，在事前没和家人商量的情况下，魏建军承包下濒临破产的长城工业公司，担任总经理。经过调研，魏建军独辟蹊径，避开了国内轿车市场的红海，大胆进入潜力很大的皮卡车市场。从 1995 年到 1998 年短短三年，长城产销皮卡销量达到 7 000 余辆，成为国内行业老大。2003 年，长城汽车在皮卡和 SUV 领域分别占据国内市场份额的 35％和 25％，成为当年双料冠军。到 2019 年，长城汽车已经连续四年销量突破百万辆，长期"霸占"国内 SUV 和皮卡销量冠军宝座。其中，哈弗连续

视频 长城品牌简介

图 2-12　比亚迪汽车品牌关系架构图

10 次夺得中国 SUV 市场年度销量冠军；WEY 成为首个达成 30 万辆的中国豪华品牌；长城皮卡连续 22 年保持销量第一。长城汽车品牌如图 2-13 所示。

图 2-13　长城汽车品牌关系架构图

3. 国内汽车品牌销量

（1）2019 年乘用车销量

2019 年我国汽车产销分别完成 2 572.1 万辆和 2 576.9 万辆，产销量连续 11 年蝉联全球第一（图 2-14）。

图 2-14　2001—2019 年中国汽车销量及其增长率

2019年，汽车销量排名前十位的企业（集团）共销售2 329.4万辆，占汽车销售总量的90.4%，高于上年同期1.5个百分点（图2-15）。

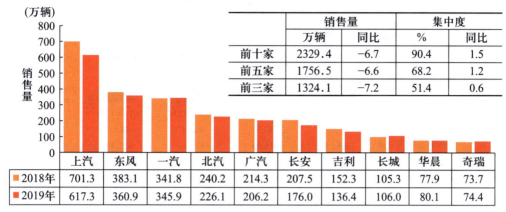

	销售量		集中度	
	万辆	同比	%	同比
前十家	2329.4	-6.7	90.4	1.5
前五家	1756.5	-6.6	68.2	1.2
前三家	1324.1	-7.2	51.4	0.6

	上汽	东风	一汽	北汽	广汽	长安	吉利	长城	华晨	奇瑞
2018年	701.3	383.1	341.8	240.2	214.3	207.5	152.3	105.3	77.9	73.7
2019年	617.3	360.9	345.9	226.1	206.2	176.0	136.4	106.0	80.1	74.4

图2-15　汽车销量排名前十位的企业

从细分车型看，2019年中国品牌轿车、SUV和MPV市场占有率分别为19.9%、52.6%和75.3%，与上年同期相比，轿车结束增长，呈一定下降趋势，SUV降幅明显扩大，MPV降幅有所收窄（图2-16）。

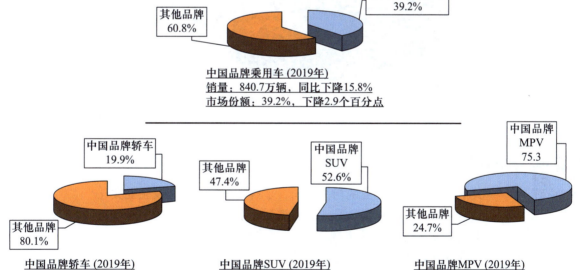

图2-16　中国品牌细分车型销量对比

（2）2019年商用车销量

2019年，我国商用车市场累计销售432.45万辆，同比累计下滑1.1%（图2-17）。

从市场份额来看，销量前十企业在2019年的合计份额达到74.28%，排名前五的企业合计份额达到50.04%（图2-18）。

图 2-17　2016—2019 商用车销量及其增幅走势

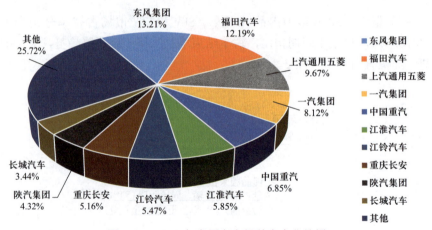

图 2-18　2019 年商用车市场前十企业份额

【任务小结】

1. 收集国内汽车企业的相关资料，了解其车型、车标及企业文化。

2. 收集国内汽车销量及行业分析资料，了解汽车企业的发展战略。

3. 拓展阅读。

（1）相关国产汽车公司官网。

（2）汽车相关微信公众号：汽车之家，盖世汽车社区，飞灵汽车。

（3）门户网站汽车频道：新浪汽车频道，网易汽车频道，腾讯汽车频道。

（4）汽车论坛：汽车之家论坛，太平洋汽车论坛，爱卡汽车论坛。

（5）专业汽车网站：汽车之家，太平洋汽车网，爱卡汽车网。

【课后练习】

详见智慧职教数字课程。

工学任务二　熟悉国外汽车公司及品牌

【学习目标】

1. 素质目标

（1）爱国守法、崇德向善、诚实守信。

（2）爱岗敬业、积极进取、团结协作。

（3）热爱劳动、沟通流畅、勇于创新。

（4）精益求精、工匠精神、7S 管理。

2. 知识目标

（1）认识国外常见主流汽车公司及品牌。

（2）认识国外常见汽车公司的主流车型。

（3）熟悉国外汽车公司的发展历史与企业文化。

（4）熟悉国外汽车公司的车标及发展战略。

3. 能力目标

（1）掌握通过网络收集国外汽车公司相关信息，对企业文化和发展战略进行分析的能力。

（2）热爱汽车产业，增强民族自豪感。

PPT　国外汽车公司及品牌

微课　国外汽车公司及品牌

【任务导入】

　　沃尔沃（Volvo）是 1927 年创建于瑞典哥德堡的国际著名品牌。1999 年，美国福特汽车公司花费 64.5 亿美元收购了沃尔沃集团旗下的小汽车公司，但是从 2006 起沃尔沃汽车一直处于亏损状态，2008 年更是巨亏了接近 15 亿美元。2008 年 12 月 04 日，福特汽车标价 60 亿美元出售沃尔沃汽车。2008 年 12 月 17 日，吉利控股开始启动收购沃尔沃汽车的谈判。2010 年 3 月 28 日，吉利控股与福特汽车公司就收购沃尔沃汽车达成并签署了最终协议。2010 年 8 月 2 日，在伦敦举行了收购沃尔沃汽车的最终交割仪式，吉利控股完成了收购福特汽车公司旗下沃尔沃汽车公司的全部股权，世界级豪华汽车品牌沃尔沃正式被中国的自主品牌收归旗下，持续数年之久的吉利收购沃尔沃事件终于画上了圆满句号。

——《吉利控股收购沃尔沃汽车的战略需求与实践分析》

　　吉利并购沃尔沃，从国家品牌战略的角度来审视，至少有这么三点意义：其一是我国汽车企业在发展自主品牌的思想观念上的一次重大突破；其二是我国企业采取多种方式发展自主品牌的一次"实战演习"；其三对我国制造业加紧实施品牌战略是一个有利的促进。

——《品牌革命：中国凭什么赢得全球尊敬？》

学习感悟

【课堂活动】

以 4～6 人为一个小组，分组收集国外汽车公司（各组收集不同的汽车公司）的相关资料，讨论后填入工单中。

实 训 工 单

1. 资料收集	
目标公司的基本情况	
2. 分组讨论	
目标公司的主流车型	
目标公司的企业文化	
3. 资料拓展	
目标公司主要品牌的车标	

【相关知识】

1. 民族化的汽车品牌

汽车文化的具体体现主要是汽车本身所折射出的设计理念，其中所包含的设计元素实际上就是文化元素。美国、德国、英国、法国、意大利、日本、韩国的汽车，因为其文化元素不一样，其设计的结果便不一样，当这些元素熔铸到汽车上，就表现出不同的文化。

汽车已融入了人类生活，汽车因为人类的生活习俗、民族文化等差别而体现出不同个性，汽车的民族性是汽车最为鲜明的个性。"世界上没有完全相同的两片叶子"，汽车也是一样，可以说每款车都有自己的特点，每个国家所生产的车，也带有各自国家的一些特点。

（1）美国

美国社会学家说："没有汽车的出现，就不会有现代的美国"。对美国人而言，汽车与水和面包同等重要。美国汽车具有车席大、安全、舒适、悬挂柔软、扭力大、空调棒的特性，成了安全舒适豪华车的代表。但负面地说，美国车因宽大而耗油，悬挂柔软而不适合高速行驶或拐弯。美国汽车的特点是：豪放、狂野、不拘小节，注意车厢宽敞，内部设施豪华，外观粗线条，给人一种自由与霸气的感觉。这和美国人注重自身形象，很看重身份地位有关系。

目前美国车受到严厉的环保法规限制，正朝向零排放研发，这是极符合世界潮流的，如在这方面有所突破，或许美国车再领风骚的日子将来临。美国常见汽车品牌如图 2-19 所示。

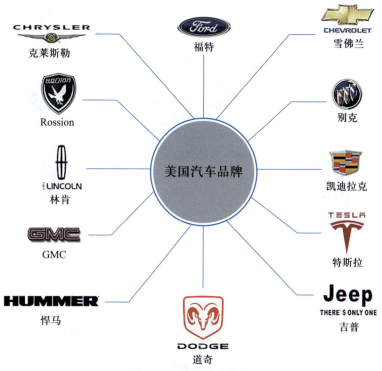

图 2-19　美国汽车品牌

（2）德国

德国汽车素以安全、结实、技术含量高而著称于世。德国轿车给人的感觉是比较传统，冷静、深藏不露，很少以外表去"哗众取宠"，其内在表现只有那些感受过的人才能领略。

德国轿车线条挺拔而有力度，造型严谨而传统，给人一种坚固和耐用的感觉。德国汽车工业的制造水平和工艺技术在世界上处于绝对的领先地位，如闻名于世的奔驰、宝马、奥迪、大众、保时捷等名车（图 2-20）。

视频　德国汽车品牌简介

（3）法国

法兰西人对创新理念的重视、以及其富于创造激情及想象力的气质在汽车设计上一展无遗。法国汽车的总体特点是车体较小而设计新颖，悬挂柔软，乘坐舒适，符合大众化的方向，因此在西欧成为家庭轿车的热门。但是在豪华车、跑车领域，法国汽车公司就不如美、德、日等国汽车公司出色。法国车的造型综合了法兰西民族的浪漫和时尚，造汽车和做衣服一样，当作艺术品来设计，我行我素，造型优雅，线条简练，精巧灵活，极富动感和充满活力。就和法国香水、时装那样，法国轿车往往引导购车消费的新潮流，如闻名于世的标致、雪铁龙、雷诺等名车（图 2-21）。

视频　法国汽车品牌简介

图 2-20　德国汽车品牌

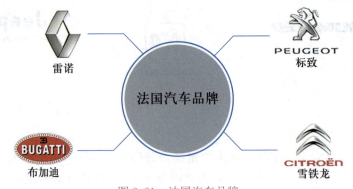

图 2-21　法国汽车品牌

（4）意大利

意大利的汽车以卓越的品质、良好的性能、堪称先锋的科技运用、层出不穷的科技发明而领先于世界汽车工业。意大利有"跑车之乡"之美称，多以性能和外形表现吸引顾客。

就汽车设计而言，意大利有一大批杰出的汽车设计公司，汽车的造型设计，更是被那些享誉世界的造型设计师们演绎得炉火纯青、别具一格，代表了世界汽车工业设计领域最著名的品牌，他们影响的不只是意大利的汽车设计，全世界的汽车设计都以他们为标杆。在欧洲十大畅销汽车中，就有六款是意大利人设计的，如闻名于世的法拉利、兰博基尼、马莎拉蒂、阿尔法·罗密欧、菲亚特等名车（图 2-22）。

（5）英国

英国轿车就像其民族一样，给人一种保守而尊贵之感，英国轿车注重稳重、内向、有内涵。英国车用料充足但不会有夸张的外形和性能表现，给人一种踏实稳重

视频　意大利
汽车品牌简介

视频　英国汽
车品牌简介

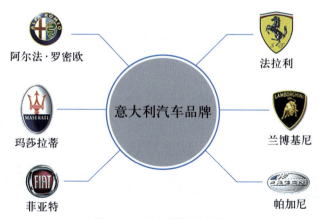

图 2-22　意大利汽车品牌

的感觉。虽然英国汽车工业现在完全掌握在其他国家的手里，但它生产的汽车依然绅士味十足，如闻名于世的劳斯莱斯、莲花、罗孚、美洲豹、摩根等名车（图 2-23）。

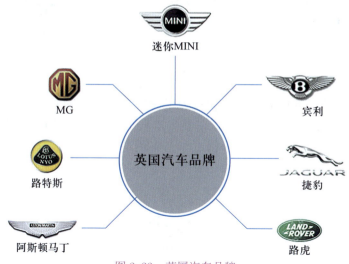

图 2-23　英国汽车品牌

（6）日本

日本汽车在世界造车史上算是后起之秀。日本人独有的专注和团队精神反映在造车工艺上，使日本车从廉价车的代表到目前与欧洲高级车平起平坐。汽车成品在初期更多以模仿英、美产品而成，后期有突破性的发明。日本汽车靠廉价的中小型车起家，目前这方面仍是其主要的优势所在。其特点是周到细致，灌注了东方人精微细腻的心理特征，在为顾客着想方面无微不至。科技也十分先进，车型更新换代的效率更是全球第一，显得新颖时尚。日本生产的汽车在耐用性方面还赶不上欧美，但在新车出错率方面的成绩，目前还无人能望其项背。日本汽车也具有活泼、轻巧、善变、美观、创新、注意外表的特点，如闻名于世的丰田、本田、三菱、马自达、富士、日产、铃木等名车（图 2-24）。

视频　日本汽车品牌简介

图 2-24　日本汽车品牌

（7）韩国

韩国人以其特有的民族自强意识致力于民族汽车工业的发展，虽然生产起步较晚，但它集欧、美汽车技术于一体，借鉴日本汽车风格，在汽车工业起步后的 18 年内就掌握、拥有自主开发能力。韩国汽车富有创造性，既洒脱又稳重，并具有飘逸感，越来越显示出自身轻巧、简洁、善变的个性，如闻名于世的现代、起亚等名车（图 2-25）。

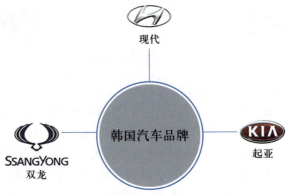

图 2-25　韩国汽车品牌

2. 国外常见汽车公司

（1）通用汽车公司

通用汽车公司（图 2-26）成立于 1908 年，自从威廉·杜兰特创建了美国通用汽车公司以来，先后联合或兼并了别克、凯迪拉克、雪佛兰、奥兹莫比尔、庞蒂克、克尔维特、悍马等公司，拥有铃木（Suzuki）3%股份。使原来的小公司成为它的分部。从1927年以来一直是全世界大型的汽车公司之一。2009年通用汽车申请破产保护。2009年7月成立新通用汽车有限公司，结束破产保护。新公司标志保持不变，只保留"雪佛兰""凯迪拉克""别克"和"GMC"4个核心汽车品牌。通用汽车在中国与上汽成立了上汽通用合资品牌。

图2-26　通用汽车公司品牌关系架构图

（2）福特汽车公司

1901年亨利·福特与柴尔德·H·威尔士合资成立亨利·福特汽车公司（图2-27）。1908年，福特汽车公司开始销售福特T型车。1925年，福特公司收购了林肯汽车公司，从而开始进入高档车市场。福特汽车的现任董事长是亨利·福特的曾孙小威廉·克莱·福特（即比尔·福特）。目前福特是集设计／制造／销售及服务为一体，专业生产品质轿车、SUV、卡车和电动车型以及豪华车型的集团企业。福特汽车在中国有长安福特以及江铃汽车两家合资企业。

视频　福特汽车发展史

图2-27　福特汽车公司品牌关系架构图

（3）大众汽车公司

大众汽车集团（图2-28）成立于1937年，总部位于德国沃尔夫斯堡，是欧洲较大的汽车公司，也是世界汽车行业中实力较强的跨国公司之一。2019年，大众汽车集团向全球消费者共销售汽车1 080万辆。集团目前拥有10大汽车品牌：大众汽车（德国）、奥迪（德国）、兰博基尼（意大利）、宾利（英国）、布加迪（法国）、西雅特（西班牙）、斯柯达（捷克）、斯堪尼亚（瑞典）、保时捷（德国）、MAN（德国）。大众汽车在中国有一汽大众、上汽大众、江淮大众三家合资企业。

图2-28　大众汽车公司品牌关系架构图

（4）戴姆勒-奔驰汽车公司

戴姆勒公司是由多个家族企业构成的，主要有1886年卡尔·本茨建立的世界上首家汽车厂——奔驰莱茵燃气发动机厂，以及1890年由戈特利布·戴姆勒建立的戴姆勒发动机公司。20世纪20年代德国爆发经济危机期间，两家公司被迫合并，于1926年形成了总部设在斯图加特的戴姆勒-奔驰汽车公司（图2-29）。戴姆勒-奔驰在国内有北京奔驰、福建奔驰及北汽福田三家合资企业。2018年2月，吉利汽车集团入股戴姆勒-奔驰汽车公司，成为戴姆勒-奔驰汽车公司的最大单一股东。2019年3月双方宣布在中国成立合资公司，各持股50%，在全球范围内联合运营和推动Smart品牌转型，将Smart打造成电动智能汽车品牌，在中国的全新工厂生产，预计2022年开始投放市场并销往全球。

图2-29　戴姆勒-奔驰汽车公司品牌关系架构图

（5）宝马汽车公司

1916 年，创立了巴伐利亚飞机制造厂。1918 年第一次世界大战结束，根据凡尔赛条约的规定，德国境内被禁止制造飞机，严重打击了正在成长中的德国航空工业，也迫使宝马转为制造铁道用的制动器，并开始发展摩托车用的发动机，这成为其开始造车的第一步。1922 年时，合并了 BFW，成为今日我们所熟悉的宝马汽车公司（图 2-30）。现在宝马有意把所有的轿车都赋予跑车色彩，弥消跑车和轿车的分别。宝马汽车在中国有华晨宝马、光束汽车（2018 年由长城汽车与宝马汽车合资组建）两家合资企业。

视频 宝马汽车发展史

（6）标致汽车公司（图 2-31）

从 1896 年阿尔芒·标致先生创立公司起，标致家族一直是 PSA 集团的重要股东。1976 年，标致和雪铁龙合并成立了 PSA 集团。2014 年，东风汽车集团收购 PSA 约 14% 的股权，与法国政府、标致家族三方并列成为 PSA 第一大股东。2017 年，PSA 集团收购通用汽车旗下欧宝／沃克斯豪尔公司及通用欧洲金融业务，PSA 集团成为欧洲第二大汽车公司，占据 17% 的市场份额。PSA 在中国有神龙（与东风汽车集团合资）、长安标致雪铁龙（2019 年被宝能集团收购）两家合资企业。2019 年底，PSA 与 FCA（菲亚特－克莱斯勒）宣布双方将正式合并。

视频 PSA 标致雪铁龙发展史

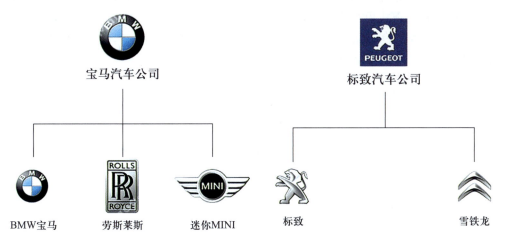

图 2-30 宝马汽车公司品牌关系架构图　　图 2-31 标致汽车公司品牌关系架构图

（7）菲亚特－克莱斯勒汽车公司

菲亚特汽车公司是意大利著名汽车制造公司，成立于 1899 年，总部位于意大利工业中心皮埃蒙特大区首府都灵。菲亚特作为超过百年历史的经典品牌一直被视为完美汽车的缔造者。2009 年美国克莱斯勒汽车公司申请破产保护，后被菲亚特汽车公司收购，成立了菲亚特－克莱斯勒汽车公司（FCA），如图 2-32 所示。目前菲亚特在中国有广汽菲亚特一家合资企业。2019 年底，FCA 与 PSA 宣布双方正式合并。

视频 FCA 菲亚特品牌发展史

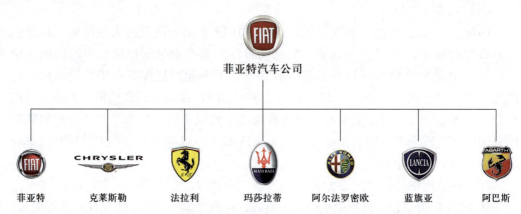

图 2-32　菲亚特 - 克莱斯勒汽车公司品牌关系架构图

（8）丰田汽车公司

丰田（图 2-33）是世界知名的汽车工业公司，丰田喜一郎于 1933 年在丰田自动织机制作所成立汽车部。1937 年汽车部正式从丰田自动织机制作所中独立出来，成立丰田汽车工业公司。1950 年 6 月，朝鲜战争爆发，美军 46 亿美元的巨额订货，让丰田迅速发展起来。1974 年，丰田与日野、大发等 16 家公司组成了丰田集团，同时与 280 多家中小型企业组成协作网。1982 年 7 月，丰田汽车工业公司和丰田汽车销售公司重新合并，正式更名为丰田汽车公司。雷克萨斯创立于 1983 年，是丰田集团旗下的全球知名豪华汽车品牌，致力于创造精致风格独特的汽车。丰田汽车在中国有一汽丰田与广汽丰田两家合资公司。

图 2-33　丰田汽车公司品牌关系架构图

（9）本田汽车公司

本田技研工业株式会社成立于 1948 年，在全球 29 个国家和地区拥有 130 个以上的生产基地，产品包括摩托车、汽车等。讴歌（Acura）为本田汽车公司（图 2-34）旗下的高端子品牌，于 1986 年在美国创立，其名称 Acura 源于拉丁语 Accuracy。讴歌的车型均在北美进行设计、开发和生产。讴歌品牌于2006 年正式登陆中国市场。本田汽车在中国有东风本田和广州本田两家合资企业。

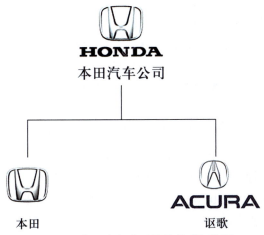

图 2-34　本田汽车公司品牌关系架构图

（10）雷诺 - 日产联盟

　　雷诺汽车为法国汽车制造企业，诞生于 1898 年。日产汽车是一家日本汽车制造商，1933 年在日本横滨市成立。1999 年，雷诺汽车收购日产汽车股份，成立了雷诺 - 日产联盟（图 2-35），由卡洛斯·戈恩担任雷诺汽车及日产汽车的双 CEO。2016 年，日产收购三菱汽车，为了当好三菱汽车董事长以及雷诺 - 日产 - 三菱联盟董事长，戈恩不得不于 2017 年将日产汽车 CEO 的位置让给西川广人。随着2018 年戈恩在日本被捕及 2019 年底逃至黎巴嫩，目前雷诺 - 日产联盟存在着一定的独立倾向。雷诺 - 日产联盟在中国有东风雷诺、华晨雷诺、东风日产、广汽三菱、东南汽车（由福汽、台湾裕隆及日本三菱三方组建的合资汽车企业）五家合资企业。

视频　雷诺日产发展史

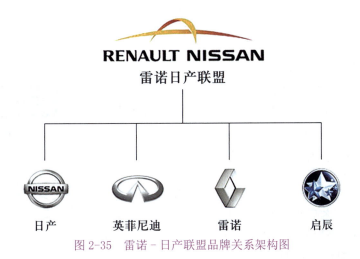

图 2-35　雷诺 - 日产联盟品牌关系架构图

视频　沃尔沃
发展史

（11）沃尔沃汽车公司

沃尔沃汽车公司（图2-36）始于1927年瑞典，是知名的豪华汽车品牌，以质量和性能优异在全球享有很高声誉，特别是安全系统方面。1927年，首辆沃尔沃汽车在哥德堡下线。从那时候起，沃尔沃汽车精益求精，不断推出众多改变世界的创新技术。2010年8月，随着浙江吉利控股集团正式收购沃尔沃汽车的股权，沃尔沃汽车成为由中国人所拥有的汽车品牌，沃尔沃汽车的复兴从此有了坚实的保障。沃尔沃汽车的三家在华工厂严格遵循沃尔沃汽车集团的全球采购、质量控制、研发体系和管理标准，为中国消费者生产质量媲美欧洲工厂的优质产品。

视频　塔塔发
展史

（12）塔塔汽车公司

塔塔汽车公司（图2-37）是印度最大的综合性汽车公司、商用车生产商。塔塔汽车是印度塔塔集团下属的子公司，成立于1945年。塔塔汽车在1954年与德国戴姆勒－奔驰汽车公司进行合作，1969年能够独立设计出自己的产品。1999年，塔塔进入乘用车领域。从20世纪60年代起塔塔汽车已出口到欧洲、非洲和亚洲等一些国家和地区。塔塔汽车主要产品包括小型汽车、4轮驱动越野车、公共汽车、中型及重型货车等。2008年，塔塔汽车从福特手中收购了捷豹路虎业务并在同年成立了捷豹路虎汽车公司。塔塔汽车在中国有奇瑞捷豹路虎一家合资企业。

图2-36　沃尔沃汽车公司标志　　　　图2-37　塔塔汽车公司品牌关系架构图

视频　现代起
亚发展史

（13）现代起亚汽车公司

1967年，现代集团创始人郑周永在蔚山成立现代汽车公司。20世纪70年代，现代汽车通过博采众长分散引进国外技术的方式，将各国先进的轿车生产技术融合到自己的国产车中去。20世纪80年代，现代已经开始垄断韩国汽车市场。1997年发生的亚洲金融风暴引发了韩国的金融危机，使得1944年成立的起亚汽车陷入困境，之后被现代汽车收购。2000年，现代起亚汽车集团（图2-38）成立。现代起亚在中国有北京现代、东风悦达起亚两家合资企业。

现代起亚汽车集团

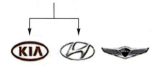

起亚　　　现代→捷恩斯

图2-38　现代起亚汽车公司品牌
关系架构图

【任务小结】

1. 收集国外汽车企业的相关资料，了解其车型、车标及企业文化。
2. 收集国外汽车销量及行业分析资料，了解汽车企业的发展战略。
3. 拓展阅读。相关合资汽车公司官网。

链接 合资汽车厂家网站

【课后练习】

详见智慧职教数字课程。

工学任务三　熟悉国内外新能源汽车公司及品牌

PPT 国内外新能源汽车公司及品牌

微课 国内外新能源汽车公司及品牌

【学习目标】

1. 素质目标

（1）爱国守法、崇德向善、诚实守信。

（2）爱岗敬业、积极进取、团结协作。

（3）热爱劳动、沟通流畅、勇于创新。

（4）精益求精、工匠精神、7S 管理。

2. 知识目标

（1）认识国内外常见主流新能源汽车公司及品牌。

（2）认识国内外常见新能源汽车公司的主流车型。

（3）熟悉国内外新能源汽车公司的发展历史与企业文化。

（4）熟悉国内外新能源汽车公司的车标及发展战略。

3. 能力目标

（1）掌握通过网络收集国内外新能源汽车公司相关信息，对企业文化和发展战略进行分析的能力。

（2）热爱新能源汽车产业，增强民族自豪感。

【任务导入】

随着企业国际化版图的不断扩大，吉利集团于 2018 年 2 月通过旗下海外企业主体收购了戴姆勒 9.69% 具有表决权的股份，并承诺长期持有。2019 年 7 月又与百度达成战略合作，将在其产品上搭载小度车载交互系统。

业界普遍认为吉利此次收购意在获得奔驰电动汽车电池技术。对行业内而言，戴姆勒集团是除丰田汽车以外新能源技术最为全面的企业。汽车的三大件：发动机、变速器、底盘，奔驰汽车都具备良好的技术积累，并可自行生产。

2018 年 5 月吉利对外发布了"智能引擎能源战略"，立志成为中国新能源技术的领导者，让豪华车上才匹配的技术在吉利汽车上触手可及。"智能引擎"涵盖了纯电动技术、混动技术、替代燃料以及氢燃料电池等四大技术路径。目前吉利旗下的几何、Smart、Polestar 和路特斯生产销售纯电动车型。吉利现有的帝豪 EV、帝豪 GS 等与几何同渠道销售。

——《吉利新能源汽车战略及形势》

学习感悟

【课堂活动】

以 4～6 人为一个小组，分组收集国内外新能源汽车公司（各组收集不同的新能源汽车公司）的相关资料，讨论后填入工单中。

实 训 工 单

1. 资料收集	
目标公司的基本情况	
2. 分组讨论	
目标公司的主流车型	
目标公司的企业文化	
3. 资料拓展	
目标公司新能源汽车的主要发展路径	

【相关知识】

1. 新能源汽车产业概况

2019 年全球新能源汽车行业上演了一幕冰与火之歌，行业分化加剧。一边是通用、福特等巨头陆续裁员，菲亚特－克莱斯勒与标致雪铁龙合并、传统车企抱团取暖，另一边新势力代表特斯拉国际化加速、年销量近 40 万辆、同比增长 50%。一边是中国新能源汽车补贴退坡、销量首现负增长，另一边是德国提高新能源汽车补贴、欧洲新能源汽车销量大增。从 1885 年卡尔·本茨发明第一辆现代汽车以来，汽车产业从未像今天这样成为如此多技术变革的交汇点，涉及能源、交通、通信、计算机等诸多行业。汽车新四化——电动化、智能化、网联化、共享化浪潮开启，百年汽车产业正站在大变局、大洗牌的前夜。

2009 年起，我国正式启动新能源汽车发展战略的全面布局，各种扶持政策密集出台，政府补贴、不限牌不限行、免征购置税等多重政策红利相继来临新能源汽车迎来快速发展。其后随着新能源双积分政策出台及补贴退坡，使整个新能源市场逐步从"政策驱动"转为"市场驱动"，也将加速行业"洗牌"。从新能源汽车的整条产业链看，上游矿产资源成本居高不下，形成刚性壁垒；下游整车经济性需求强烈，中游受到上下游双重压力挤压，毛利空间受到压缩，中游市场重构。新能源汽车产业链如图 2-39 所示。

视频　新能源汽车产业概况

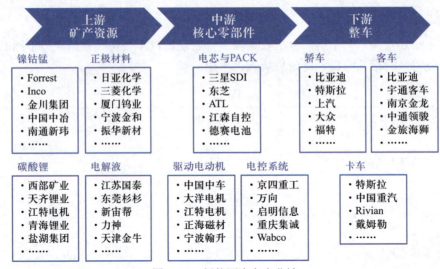

图 2-39　新能源汽车产业链

　　2019 年全年全球一共售出了约 220 万辆新能源汽车，同比增长了 10%（图 2-40）。而全球新能源汽车的市场份额也从之前的 2.1% 提升至 2.5%，大致相当于全球每卖出 40 台汽车，其中就有 1 台新能源车。此外，在所有新能源车销量之中纯电动汽车占到了 74%，同比增长了 5%，而插电式混合动力汽车的份额占到了 26%，同比下降了 5%。按照车企销量排名来看，前三名分别为特斯拉、比亚迪和北汽，原本排在全球电动车销量首位的比亚迪已被特斯拉成功反超，由于国内新能源补贴的退坡，导致比亚迪销量连续数月下滑，而特斯拉在全球各个地区的销售均实现增长，其中包括中国市场销量持续扩大。从地区来看，新能源乘用车市场，中国本土品牌占据绝对地位，前 10 中占有 9 席；美国本土品牌为主、日系品牌为辅分别占有 6 席和 2 席，特斯拉 Model 3 一枝独秀，市场份额占 46.52%；欧洲本土品牌占据绝对地位，前 10 中占有 7 位；日本本土品牌和德系不相伯仲，前 5 中分别占有 2 位和 3 位。

图 2-40　2016—2019 年全球新能源汽车销量

在政策和资金的催化下，近年来各路车企加码新能源汽车的研发、生产和投放，奔驰、沃尔沃等传统汽车品牌纷纷生产制造新能源车型，而包括格力、五粮液等在内的不少上市公司也相继跨界造车。2019 年国内新能源汽车产销分别为 124.2 万辆和 120.6 万辆，其中纯电动车产销仍占主导，插电式混合动力汽车与燃料电池汽车增长势头迅猛。技术突破有利于未来燃料电池汽车的推广，前景可期。新能源汽车补贴政策进一步滑坡，倒逼技术升级，有利于车企提高产品竞争力，过去完全由政策驱动的电动汽车行业将逐步回归市场驱动。图 2-41 所示为 2011—2019 年中国新能源汽车销量。

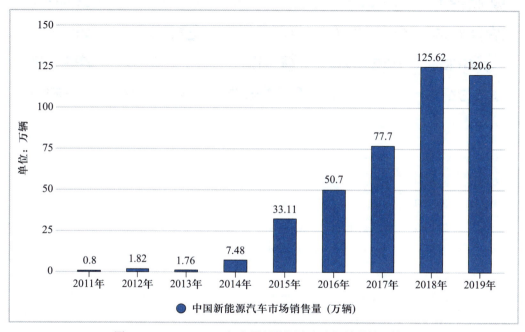

图 2-41　2011—2019 年中国新能源汽车市场销量统计情况

2. 国内新能源造车新势力

2015 年前后，国内大批新兴造车企业涌现。新能源造车新势力企业如图 2-42 所示，大致有以下三类。

① 互联网新造车企业。创始人来自互联网企业或者互联网媒体，这类车企有更鲜明的互联网思维，重视宣传、发布、推广和用户体验，代表企业有蔚来汽车、小鹏、奇点、车和家等，见表 2-1。

② 传统车企造车企业。创始人曾经是传统车企的高管，这类车企通常更重视汽车本身的技术和质量，代表企业有威马汽车、爱驰、拜腾、云度、前途等，见表 2-2。

③ 跨界造车企业。创始人来自其他行业，多数是上游零部件企业、家电行业，代表企业有万向汽车、江苏敏安、格力汽车等。

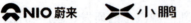
  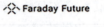 

    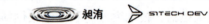

 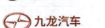

图 2-42　国内新能源造车新势力企业

表 2-1　互联网新造车企业

企业名称	入局时间	注册资本	创业背景	整车基地	创始人
蔚来汽车	2014 年	12 亿美元	互联网（易车网、汽车之家）	安徽、上海	李斌
车和家	2015 年	6.9 亿元	互联网（汽车之家）	江苏	李想
奇点汽车	2014 年	13.5 亿元	互联网（奇虎 360）	安徽	沈海寅
游侠汽车	2014 年	42 亿元	互联网	浙江	黄修源
小鹏汽车	2014 年	1.5 亿元	互联网 + 车企	广东	何小鹏、夏珩
电咖汽车	2015 年	5 250 万元	互联网 + 车企	浙江	张海亮

表 2-2　传统车企造车企业

企业名称	入局时间	注册资本	创业背景	整车基地	创始人
前途	2015 年	6 亿元	车企（长城华冠）	江苏	陆群
云度	2015 年	9 亿元	车企（福汽集团）	福建	刘心文
威马	2015 年	50 亿元	互联网 + 车企（吉利）	浙江	沈晖
国能	2015 年	24 亿元	车企（瑞典 NEVS）	天津	蒋大龙
浙江合众	2014 年	6.25 亿元	车企（奇瑞汽车）	浙江	方运舟
蓥石	2015 年	6.09 亿元	车企 + 汽车设计企业	上海	龙卫国
爱驰	2017 年	1 716 万元	车企（上汽）	上海	付强、谷峰
拜腾	2017 年	3 亿元	车企（宝马）	江苏	戴磊等
正道汽车	2017 年	1 亿元	车企（华晨）	浙江	仰融

3. 国内外常见新能源汽车公司

（1）特斯拉

2003 年，一群希望证明电动车比燃油车更好、更快，并拥有更多驾驶乐趣的工程师创立了特斯拉（Tesla）汽车公司（图 2-43）。2004 年 2 月，埃隆·马斯克向特斯拉投资 630 万美元，出任公司董事长，而马丁·艾伯哈德作为特斯拉之父任公司的 CEO。特斯拉 2008 年推出了 Roadster 车型，从而揭开了先进电池技术和电动动力总成的神秘面纱。为了打造可持续发展的完整能源系统，特斯拉还设计了由 Powerwall、Powerpack 和 Solar Roof 等组成的独特的能源解决方案，使居民、企业和公共事业单位能够管理环保能源发电、存储和消耗。今天，特斯拉不仅制造纯电动汽车，还可以生产能够无限扩容的清洁能源收集及储存产品。特斯拉相信，让世界越早摆脱对化石燃料的依赖，向零排放迈进，人类的前景就会更美好。特斯拉目前在中国上海拥有一家超级工厂，于 2020 年 1 月正式投产。2019 年，特斯拉共销售 36 7820 辆，成为全球新能源汽车销售冠军。

视频　特斯拉品牌简介

（2）Smart（精灵）

早在 20 世纪 80 年代初，戴姆勒 - 奔驰汽车公司就开始研究汽车与城市交通的关系，他们发现面对越来越拥挤的城市道路，路面资源与汽车数量增长的矛盾将日益尖锐，让城市交通来适应汽车是死路一条，只有让汽车来适应城市交通才是出路。正是从"未来的城市汽车"的观念出发，戴姆勒于 1998 年创立了 Smart 品牌（图 2-44）。面世二十余年，Smart 风潮就已席卷全球 38 个城市，总销量超过 100 万辆。2018 年，吉利汽车成为戴姆勒的第一大股东。双方于 2019 年宣布正式成立 Smart 品牌全球合资公司，全新一代纯电动 Smart 将由戴姆勒 - 奔驰的全球设计部门负责设计，吉利汽车全球研发中心负责工程研发。新车型将在中国的全新工厂生产，预计 2022 年开始投放市场并销往全球。

视频　Smart品牌简介

图 2-43　特斯拉电动汽车

图 2-44　Smart 标志

（3）蔚来汽车

蔚来汽车（图 2-45）是一家从事高性能智能电动汽车研发的公司。2014 年 11 月，蔚来由李斌、刘强东、李想、腾讯、高瓴资本、顺为资本等深刻理解用户的顶尖互联网企业与企业家联合发起创立，并获得淡马锡、百度资本、红杉、厚朴、联想集团、华平、TPG、GIC、IDG、愉悦资本等数十家知名机构投资。2016 年，江淮汽车与蔚来汽车签署战略合作框架协议。2016 年 11 月 21 日，蔚来在伦敦发布了英文品牌"NIO"、

视频　蔚来汽车介绍

全新 LOGO、全球最快电动汽车 EP9。2017 年 3 月 10 日发布了首款概念车 EVE；4 月 19 日，蔚来携 11 辆车亮相 2017 上海国际车展，这是蔚来品牌的中国首秀；12 月，蔚来的首款量产车——纯电动七座 SUV ES8 正式发布并开启预订；6 月 28 日，蔚来汽车正式开始向普通用户交付车辆。2019 年，蔚来共交付电动汽车 20 565 辆。

蔚来汽车不仅仅是一家汽车公司。通过以极致的电动智能汽车产品为基础，蔚来汽车将重新定义服务用户的所有过程，为用户提供超越期待的全程愉悦体验。蔚来汽车专注于成为一家以服务用户为使命的公司，一家在移动社交时代所有用户都共同拥有的用户型企业。

（4）威马汽车

威马汽车（图 2-46）成立于 2015 年初，是国内一家新能源汽车产品及出行方案提供商。威马汽车创始人沈晖曾担任吉利控股集团副总裁、沃尔沃全球高级副总裁兼任沃尔沃中国区董事长等职务。目前威马的核心团队中 70%～80% 来自整车行业，20%～30% 来自互联网，分布在德国（技术中心）、上海（总部、设计中心、研发中心）、北京（大数据中心）、成都（研究院）和温州（工厂）。自创立之初，威马汽车制定了明确的集团发展"三步走"战略（第一步，做智能电动汽车的普及者；第二步，成为数据驱动的智能硬件公司；第三步，成长为智慧出行新生态的服务商）。2019 年，威马汽车共交付电动汽车 16 876 辆。

视频　威马品牌简介

图 2-45　蔚来汽车广告

图 2-46　威马汽车公司 LOGO

（5）小鹏汽车

小鹏汽车（图 2-47）成立于 2014 年，专注于针对一线城市年轻人的互联网电动汽车的研发。小鹏汽车汇聚了来自不同国家 4000 多名优秀人才，其中 60% 为研发人员，主要来自知名整车企业、大型汽车零部件公司以及科技、IT 公司等。核心团队融合了互联网与汽车等行业的优秀专家，保证了小鹏汽车的跨界思维和开放包容。

小鹏汽车获得包括 UC 创始人何小鹏、YY 创始人李学凌等数十位互联网公司知名人士，以及多家知名风险投资机构的投资。小鹏汽车由海南海马汽车进行代工生产。海马小鹏智能工厂按照工业 4.0 智能制造标准进行规划、设计和建设，是海马汽车和小鹏汽车双方按照高品质和高智能标准共同建设的全新工厂。作为新造车势力，小鹏汽车敬畏传统，坚信品质制造是基础，致力于通过自主研发、智能制造，为用户创造更美好的出行生活。2019 年，小鹏汽车共交付电动汽车 16 608 辆。

图 2-47　小鹏汽车

【任务小结】

1. 收集国内外新能源汽车企业的相关资料，了解其车型、车标及企业文化。

2. 收集国内外新能源汽车销量及行业分析资料，了解新能源汽车企业的发展战略。

3. 拓展阅读。相关新能源汽车公司官网。

链接　新能源
汽车厂家网站

【课后练习】

详见智慧职教数字课程。

项目三　汽车相关产业与组织

工学任务一　熟悉汽车 4S 服务中心

【学习目标】

1. 素质目标

（1）爱国守法、崇德向善、诚实守信。

（2）爱岗敬业、积极进取、团结协作。

（3）热爱劳动、沟通流畅、勇于创新。

（4）精益求精、工匠精神、7S 管理。

2. 知识目标

（1）认识常见的汽车销售服务公司，熟悉其服务品牌及企业文化。

（2）熟悉常见汽车 4S 店的服务内容，熟悉其服务理念。

（3）熟悉汽车后市场的发展趋势。

3. 能力目标

（1）通过亲身体验、VR 仿真体验或网络收集 4S 店的服务内容，对汽车后市场的产业进行掌握的能力。

（2）熟悉服务理念与意识。

【任务导入】

车主：姚小姐 / 城市：成都

职业：设计师 / 爱车：吉利熊猫 1.3 L

购车时间：2009 年 3 月 / 行驶里程：16 000 km

我不是专业人士，所以对车辆的维修保养不是很了解。不过从我这一年多的用车情况来看，吉利汽车的售后服务完全能够满足我对车辆使用的各种需求，有时候甚至还超出了我的期望值。吉利汽车售后服务的人性化程度很高，每当我的车快到保养里程或是吉利汽车举办服务活动的时候，特约服务站的工作人员都会第一时间通知我，而且每次保养完车辆之后，他们还会主动打电话回访，询问我对这次服务是否满意，让我感觉吉利汽车非常重视用户的实际感受。不仅如此，我还是吉利汽车"吉行天下俱乐部"的会员，俱乐部会定期举办一些活动，让我这种非专业人士有了一个能够近距离接触吉利汽车、了解吉利汽车售后服务的机会，通过俱乐部这个平台，我也真切感受到了吉利汽车对我们用户的关爱与呵护。

——《细微之处见真诚——用户眼中的吉利汽车售后服务》

学习感悟

【课堂活动】

以 4～6 人为一个小组，分组收集国内汽车服务公司（各组收集不同的汽车服务公司）的相关资料，讨论后填入工单中。

实 训 工 单

1. 资料收集	
目标公司的服务理念	
2. 分组讨论	
目标公司所服务的汽车品牌	
目标公司的企业文化	
3. 资料拓展	
根据目前的消费趋势，提出一种新型的汽车销售及售后服务的模式	

【相关知识】

1. 汽车 4S 服务中心

汽车 4S 服务中心（4S 店，图 3-1）是一种以"四位一体"为核心的汽车特许经营模式，包括整车销售（Sale）、零配件（Sparepart）、售后服务（Service）、信息反馈（Survey）等。它拥有统一的外观形象，统一的标识，统一的管理标准，只经营单一品牌的特点。它是一种个性突出的有形市场，具有渠道一致性和统一的文化理念，4S 店在提升汽车品牌、汽车生产企业形象上具有非常大的优势。

视频　汽车 4S 店简介

虚拟仿真　汽车 4S 店介绍

图 3-1　4S 服务中心

（1）汽车 4S 服务中心的组织机构

组织机构构成了企业运行的基本框架。其作用是规定了企业内部运行的各责任部门和分配员工的任务，进而规定了哪些岗位对哪些方面可以做出指导并对此负有相应的责任。汽车 4S 服务中心的组织机构可以通过图 3-2 描绘出来。

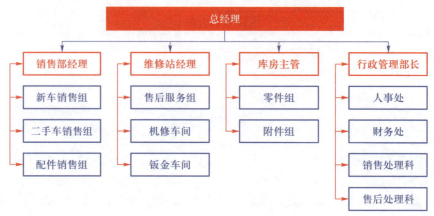

图 3-2　汽车 4S 服务中心的组织机构

（2）汽车 4S 服务中心的业务领域与职能

企业总任务按部分任务或职能分为业务领域、部门、小组、团队和岗位，具体见表 3-1。

表 3-1　汽车 4S 服务中心的业务领域与职能

业务领域	职能
企业领导	制定经销商企业目标并确立经营政策 主要任务： ● 企业运营 ● 策划和组织 ● 控制
销售	使车辆销售额最大化： ● 新车，包括租赁业务 ● 二手车 ● 车辆交付
售后服务	连接客户与维修站的主要接口： ● 客户的维修接待和技术咨询 ● 车辆交付给客户 备注：服务顾问对于维护老客户关系和赢得新客户起非常重要的作用
车辆维修站	准时且无误的完成所有维修车间的工作： ● 维修，包括钣金工作 ● 保养 ● 车辆变更（改装、附件安装等）

续表

业务领域	职能
零件库房	管理配件和附件品种： ● 库存，订货，入库和监控 ● 交付配件和附件给维修站 ● 向客户销售配件和附件
管理／规划	处理所有商务事宜： ● 会计，包括营运分析 ● 处理经销商组织事务 ● 工资和薪金结算 ● 与税务顾问合作

（3）汽车 4S 服务中心服务理念

大众汽车／奥迪汽车 4S 服务中心的服务理念如图 3-3 所示，充分显示了以客户为本的理念。

"以客户为本"

使客户惊喜是我们的目标，所以我们有义务做到：

1.以友好且乐于相助的态度迎接客户，使客户在逗留期间感到舒适。

2.以亲切的态度和专业化的知识为客户提供咨询。

3.保证细致、专业地为满足客户需求而工作。

4.根据委托按时完成所有任务，并向客户细致耐心的解释。

5.对服务结算时需诚实合理。

6.团队合作保证工作质量，赢得客户的信赖。

7.时刻关注客户的需求和意见。

8.提供全天候服务，保证客户无干扰地驾驶。

9.不断提高自我，不只满足客户的需求，还要超出他们的期望。

图 3-3　大众汽车"以客户为本"服务理念

客户给企业带来了他们的需求，企业的任务就是满足他们的需求。为能在企业经营环境中更好地满足客户的需求，就必须知道客户有什么样的需求。客户的需求可以通过在汽车 4S 服务中心直接与客户的交流或者以附加调查的形式获取。

以客户为本的定义如图 3-4 所示。为了不断加强以客户为本的意识，企业领导一方面需要紧密地与员工进行沟通，另一方面也需要与客户交流。

以客户为本即企业根据客户的需求及市场的特定条件在对待客户的思想和行为上进行调整

它适用于企业内所有人，包括从企业领导到每个员工，因此它也是企业所有部门每个人的义务

图 3-4　以客户为本的定义

2. 国内常见汽车服务品牌

视频　九城集团简介

（1）湖南九城汽车集团

湖南九城汽车集团（图 3-5）创建于 1986 年，2010—2018 年集团连续 9 年荣获中国汽车经销商集团百强企业称号。经营品牌包括：奔驰、捷豹、路虎、凯迪拉克、JEEP、道奇、克莱斯勒、进口起亚、广汽本田、广汽丰田、北京现代、东风悦达起亚、上海大众斯柯达、一汽大众、别克、雪佛兰、宝沃、广汽三菱、菲亚特、WEY、荣威、比亚迪等。

"打造可持续发展企业，成为行业领跑者"是集团不断进取的源动力，全体九城人将秉承"勤奋执着、诚信务实、创新高效、协作包容"的企业精神，加大对员工能力和素质的培养，进一步夯实管理基础，规范各项制度和流程，对标行业优秀企业，启动上市步伐，从而真正实现"为个人创造价值，为社会创造财富"的企业使命。

视频　申湘集团简介

（2）湖南申湘汽车集团

湖南申湘汽车集团（图 3-6）是一家生于湖湘、起于湖湘、根植在湖湘，以汽车产业为核心的企业。从 1988 年成立至今，申湘已有 32 年的发展历史，目前旗下代理的七大品牌为：凯迪拉克、别克、雪佛兰、上汽大众、斯柯达、一汽丰田、荣威。

作为一家服务型企业，申湘把握汽车产业的走向和消费趋势，创建了全国首个汽车经销商服务品牌"象样生活"。申湘始终坚持"为客户创造价值"的经营理念，坚持以世界一流的服务对标管理，立足湖南，面向全国，向国际化、专业化汽车服务集团迈进，开创湖南汽车产业新格局。

图 3-5　湖南九城汽车集团

图 3-6　湖南申湘汽车象样生活服务中心

（3）深圳市大兴汽车集团

深圳市大兴汽车集团（图3-7）创建于1985年，是一家具有30多年历史的全国十佳汽车营销集团。目前员工超过4 000人，已为超过50万的车友提供包括整车销售、维修养护、汽车租赁、二手车买卖等在内的覆盖汽车全生命周期的一站式"车管家"综合服务。旗下代理众多汽车品牌，包括梅赛德斯－奔驰、一汽丰田、广汽丰田、上海大众、东风日产、通用别克、通用雪佛兰等知名品牌的20多家4S店。作为深圳汽车行业的龙头企业，30年间，在"真诚、团结、务实、进取"的企业精神引领下，凭借健全的销售网络与综合汽车服务业务组合，秉持"您值得信赖的汽车服务专家"的服务理念，多年来集团的业务及经营业绩得到稳步增长，赢得业界广泛认可，客户满意度在行业内保持领先。

视频　大兴集团简介

图3-7　深圳市大兴汽车雷克萨斯4S服务中心

（4）中升集团控股有限公司

中升集团控股有限公司（图3-8）是中国领先的全国性汽车经销商集团之一。集团拥有广泛的全国性4S（包括销售、零部件、售后服务及信息调查）经销店网络，覆盖经济发达的地区及城市。中升集团专注于经营豪华和中高档品牌组合，包括梅赛德斯－奔驰、雷克萨斯、奥迪、保时捷、路虎、丰田、日产、大众、本田等品牌。中升集团是中国首家获得丰田经销权的经销商，以及中国最早获得雷克萨斯及奥迪经销代理权的公司之一。集团一直致力于发展一站式的经营模式，于各4S经销店提供新车销售，以及售后产品与服务，包括提供零部件、汽车用品、维修及保养服务、汽车美容服务，以及其他与汽车相关的产品及服务。

视频　中升集团简介

（5）运通汽车集团

运通汽车集团（图3-9）始建于20世纪80年代，长期致力于汽车行业的发展，现已形成集团化、跨地域经营、品牌化管理的全新模式，在中国已逐渐发展成为拥有较高影响力的汽车经销商集团之一。目前集团在全国已陆续建成北京运通京承、北京运通亦庄、北京运通京南、哈尔滨运通园区、杭州运通、宁波运通、西安运通、成都运通双楠、成都运通羊西、武汉运通等十余个豪华品牌集中的综合型汽车园区，集团旗下经营品牌包括劳斯莱斯、宾利、阿斯顿－马丁、兰博基尼、奔驰、林肯、一汽－奥迪、宝马、捷豹、路虎、英菲尼迪、一汽－大众、上海通用别克、斯柯达、一汽丰田、东风本田等，拥有70余家4S店。

视频　运通集团简介

（6）永达汽车集团

永达汽车集团是在香港主板上市的大型集团企业（图3-10）。公司专注于汽车服务产业，包括：汽车销售服务、新金融、二手车、新能源汽车等业务板块，代理保时捷、宾利、阿斯顿－马丁、捷豹、路虎、奔驰、宝马、奥迪、林肯、沃尔沃、英菲尼

视频　永达集团简介

图 3-8　中升汽车 4S 店

图 3-9　运通汽车 4S 店

迪、凯迪拉克、雷克萨斯等多个国际知名豪华汽车品牌，服务网络遍布全国各地。率先在行业内形成学车、买车、卖车、租车、修车、验车等完整的汽车销售服务产业链，提供新车销售、汽车金融与保险、装潢用品、售后服务、平行进口车、二手车置换与销售、快修连锁、汽车零配件和养护品销售等服务，并通过线上线下一体化全方位的汽车产业链生态圈，打造高效、便捷的汽车生活服务平台。

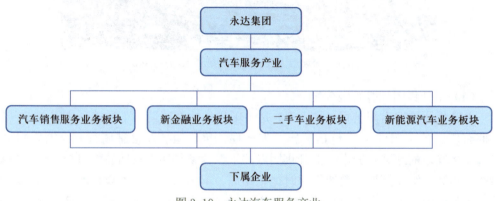
图 3-10　永达汽车服务产业

【任务小结】

1. 收集国内汽车企业的相关资料，了解其车型、车标及企业文化。
2. 收集国内汽车销量及行业分析资料，了解汽车企业的发展战略。
3. 拓展阅读。相关汽车服务公司官网。

链接　常见汽车服务公司网站

【课后练习】

详见智慧职教数字课程。

工学任务二　熟悉汽车行业协会及研究机构

PPT　汽车行业协会及研究机构

微课　汽车行业协会及研究机构

【学习目标】

1. 素质目标

（1）爱国守法、崇德向善、诚实守信。

（2）爱岗敬业、积极进取、团结协作。

（3）热爱劳动、沟通流畅、勇于创新。

（4）精益求精、工匠精神、7S 管理。

2. 知识目标

（1）认识国外常见的汽车行业协会，熟悉其在国外汽车行业中的作用。

（2）认识国内常见的汽车行业协会及研究机构，熟悉其在国内汽车行业中的作用。

3. 能力目标

（1）通过网络收集国内外汽车行业协会及研究机构的状况，对汽车市场的行业变化进行掌握的能力。

（2）掌握汽车行业全局观。

【任务导入】

中国汽车产业要想由大到强，需要一大批优秀汽车工程师的努力；需要他们学习、借鉴、消化、吸收国外先进的技术和经验，培养自己的核心竞争力；也需要他们向国际传播和展示中国汽车技术的发展水平。通过交流与合作，谋求更大的发展。

如今中国汽车工程学会在中国北京举办 FISITA 2012 年会，就把这一享誉全球的国际汽车技术盛会带到中国，同时也把上千名国际汽车工程师带到中国，让他们来深度认识和了解中国汽车产业，与中国汽车工程师进行交流。"我希望国内的汽车和零部件企业、高校、研究机构的工程师、学者、科研人员都能珍惜这次机会，带着你的论文，带着你的成果，或者带着你的问题，来到这个平台上与来自世界的优秀汽车工程师进行深层次的学习和交流，建设活跃的学术生态环境。"付于武秘书长如是说。

此次在中国举行的 FISITA 2012 年会正处于中国汽车行业发展的转折时期，甚至处于世界汽车发展的转折时期。本次年会主题为"更绿色、更安全、可持续——低碳时代的汽车与交通"，诸多对汽车传统产生颠覆的技术将会从此次大会得以传播，比如低碳新能源汽车相关技术的突破，比如车联网与智能交通涉及的先进技术等。

——《"FISITA 世界汽车工程年会"十八年后话今昔

——向着更绿色、更安全、可持续进发》

学习感悟

【课堂活动】

以 4～6 人为一个小组，分组收集国内内外汽车行业协会及研究机构（各组收集不同的汽车行业协会及科研机构）的相关资料，讨论后填入工单中。

实 训 工 单

1. 资料收集	
目标汽车行业协会的定位	
2. 分组讨论	
目标汽车行业协会在汽车产业中的话语权	
目标汽车行业协会对汽车行业所产生的积极影响	
3. 资料拓展	
一家汽车设计（或者制造、销售、维修）企业需要哪些行业协会的支持	

【相关知识】

动画　SAE 国际自动机工程师学会

动画　VDA 德国汽车工业协会

1. 国外常见汽车行业协会

（1）国际自动机工程师学会（SAE International）

SAE International 国际自动机工程师学会（原译：美国汽车工程师学会，图 3-11）是一个技术性学会，它在全球范围内拥有超过 145 000 名会员，会员均是航空航天、汽车和商用车辆行业的工程师和相关技术专家。SAE 的核心竞争力是终身学习和自愿开发一致性标准。自动机是通过自身动力运动的任何形式的交通工具，包括航空航天器、汽车、商用车、船舶等。

SAE 于 1905 年成立，第二次世界大战后，从主要以标准为中心的组织转变为进行广泛信息交换的组织。如今，SAE 创建和管理着比全球任何其他实体更多的航空航天标准和地面车辆标准。SAE 以多种方式在主要组成小组中提供服务。通过其全球认可的杂志《国际汽车工程》《航空航天工程》和《非公路工程》，SAE 将使汽车社区随时了解本领域内的最新发展情况。

（2）德国汽车工业协会

德国汽车工业协会（简称 VDA），是由部分汽车制造商及其合作伙伴、供应商和部分拖拉机制造商组成的协会性组织（图 3-12）。VDA 总部设在德国柏林，促进了德国国内和国际上汽车运输行业各个领域的发展，比如经济、交通、环境政策、技术立法、标准化和质量保证领域等。此外，VDA 每年都举办一次 IAA 国际车展。VDA 目前拥有 600 多家会员公司。这些成员公司在德国都设立工厂，主要生产机动车辆、拖车、车身结构、集装箱、汽车零件及配件。

VDA 有一个业务部门叫作质量管理中心（VDA-QMC），为德国制造商和供应商确立生产标准和流程，以便他们在日常生产管理中使用，例如大众、戴姆勒、宝马等。VDA 会以这些最有经验的专家的意见为指导，为主机厂和零部件供应商制定行业标准。

图 3-11　SAE 的期刊《国际汽车工程》　　　　图 3-12　VDA 的技术标准

2. 国内常见汽车行业协会及研究机构

（1）中国汽车工程学会

中国汽车工程学会（China SAE）成立于 1963 年，是由中国汽车科技工作者自愿组成的全国性、学术性法人团体（图 3-13）；是中国科学技术协会的组成部分，非营利性社会组织；是世界汽车工程师学会联合会（FISITA）常务理事；是亚太汽车工程年会（APAC）发起国之一。中国汽车工程学会经过 50 余年的发展，已经成为推动汽车产业健康、持续发展不可缺少的重要力量，得到了国内外汽车行业、社会各界、政府部门和广大科技人员的认可。中国汽车工程学会目前下设 50 个分支／代表机构，并与各个省级汽车工程学会建立了业务指导关系。中国汽车工程学会是中国汽车工业传播新思想、交流新技术、宣传新观念的重要力量和增进国际汽车行业交流的重要桥梁。

视频　中国汽车工程学会介绍

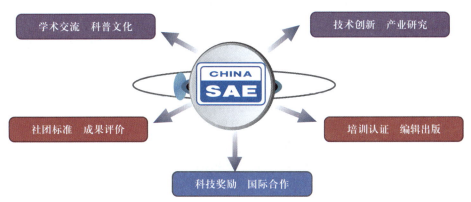

图 3-13　中国汽车工程学会的业务

（2）中国汽车工程研究院

中国汽车工程研究院（图3-14）始建于1965年3月，原名重庆重型汽车研究所，系国家一类科研院所。中国汽车工程研究院主要从事汽车领域技术服务业务和产业化制造业务。其中，技术服务业务包括汽车研发及咨询和汽车测试与评价业务；产业化制造业务包括专用汽车、轨道交通关键零部件、汽车燃气系统及其关键零部件制造业务。

经过50多年的发展，中国汽车工程研究院已拥有较强的汽车技术研发能力、一流的试验设备和较高的行业知名度，并建设成为我国汽车行业产品开发、试验研究、质量检测的重要基地及技术支撑机构。

图3-14　中国汽车工程研究院

（3）中国汽车技术研究中心

中国汽车技术研究中心（简称中汽中心）是1985年根据国家对汽车行业管理的需要，经国家批准成立的科研院所，现隶属于国务院国有资产监督管理委员会，是在国内外汽车行业具有广泛影响力的综合性技术服务机构。

自成立以来，中汽中心始终以推动中国汽车产业健康持续发展为使命，坚持"独立、公正、第三方"的行业定位，艰苦奋斗、干事创业，为推动我国汽车产业发展和实现国有资产保值增值做出了贡献。中国汽车技术研究中心在深入研究和分析国外NCAP的基础上，结合中国的汽车标准法规、道路交通实际情况和车型特征，并进行广泛的国内外技术交流和实际试验确定了C-NCAP的试验和评分规则（图3-15），并于中国新车评价规程（C-NCAP）官方网站上定期公布国内汽车的C-NCAP评价成绩。

（4）中保研汽车技术研究院有限公司

中保研汽车技术研究院有限公司（CIRI Auto Technology Institute，简称"中保研"，英文缩写"CIRI"），是由中国保险行业协会于2015年3月牵头发起，由人保财险、平安财险、太保财险、国寿财险、中华联合、大地财险、阳光财险、太平财险等行业内前八家财产保险公司与精友世纪公司共同出资，入股改制原"北京中保研汽车技术研究院"而来。目前是国际机构RCAR组织（权威的国际性汽车研究机构联盟）在中国唯一的正式会员单位。

为应对新形势下的新需求和新要求，融合第三产业和第二产业的关键环节，加速保险行业与汽车产业的协同创新，探索保险角度的汽车安全技术研究路径，在中国保险行业协会指导下，中国汽车工程研究院和中保研汽车技术研究院联合开展了"中国保险汽车安全指数"的研究工作，首次从汽车的持有使用环节，将汽车作为承保标的物对其安全风险进行系统、深入的试验研究。因此，中保研也定期在其官方网站上公布国内汽车的碰撞测评结果（图 3-16）。

图 3-15　C-NCAP 碰撞测试

图 3-16　中保研汽车碰撞测试

（5）中国汽车流通协会汽车市场研究分会（乘联会）

中国汽车流通协会汽车市场研究分会（乘用车市场信息联席会，简称乘联会）是国内知名的汽车行业信息交流和市场研究平台（图 3-17）。乘联会成立于 1994 年，2009 年加入并成为中国汽车流通协会汽车市场营销研究分会，2017 年更名为中国汽车流通协会汽车市场研究分会。

乘联会业务板块包括乘用车、商用车、新能源。目前，乘联会共拥有会员单位141 家，覆盖了国内全部乘用车厂商、部分商用车厂商（主要微客、微卡、轻客、轻卡及皮卡厂商）以及大部分造车新势力企业（汽车初创企业）。乘联会每月及每年都会定期在其官方网站上公布国内汽车销量以及行业新闻和车市解读等相关信息。

动画　乘联会

图 3-17　乘联会发布的新车快讯

（6）中国汽车工业协会

中国汽车工业协会（CAAM）（简称"中汽协会"）成立于 1987 年 5 月，是经中华人民共和国民政部批准的社团组织，具有社会团体法人资格，地址设在北京，是在中国境内从事汽车（摩托车）整车、零部件及汽车相关行业生产经营活动的企事业单位和团体在平等自愿基础上依法组成的自律性、非营利性的社会团体。中汽协会是世界汽车组织（OICA）的常任理事会员单位，目前已同国际汽车行业组织和许多国家及地

动画　中国汽车工业协会

区的汽车相关组织建立了密切联系（图3-18）。

中汽协会以贯彻执行国家方针政策、维护行业整体利益、振兴中国汽车工业为己任，以反映行业愿望与要求、为政府和行业提供双向服务为宗旨，以政策研究、信息服务、标准制定、贸易协调、行业自律、会展服务、国际交流、行业培训等为主要职能，充分发挥提供服务、反映诉求、规范行为、搭建平台等方面的作用。中汽协会定期在其官方网站上发布国内汽车产销、进出口等相关统计数据。

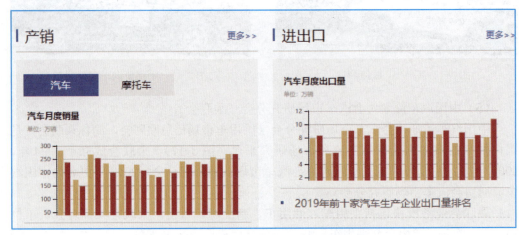

图3-18　中汽协会发布的国内汽车产销数据

（7）国家市场监督管理总局缺陷产品管理中心（中国汽车召回网）

国家市场监督管理总局缺陷产品管理中心是经国家市场监督管理总局批准成立的工作机构（图3-19），在业务上接受国家市场监督管理总局的指导和委托，负责组织实施缺陷产品召回的日常管理工作。其主要职能和工作范围：接受消费者有关产品质量、产品缺陷、产品伤害等的投诉，提供有关缺陷产品召回和消费者教育的咨询；收集、整理产品缺陷信息，建立早期预警报告系统；建立技术专家和产品检测机构数据库，监督、管理产品检测与实验机构；组织技术专家或组建专家委员会进行缺陷调查和认定；开展召回效果评估；开展产品安全法规的宣传和培训；加强与缺陷产品召回相关方的协调与沟通；开展有关产品安全的政策、法规、标准、技术等方面的科学研究。

中国汽车召回网是国家市场监督管理总局缺陷产品管理中心为汽车召回管理设立的专业网站，主要功能有：汽车召回信息发布、召回法规宣传、汽车质量投诉信息收集、车辆安全驾驶和维护保养知识传播、车主交流等。

（8）中国消费者协会

中国消费者协会（图3-20）于1984年12月经国务院批准成立，消费者协会和其他消费者组织是依法成立的对商品和服务进行社会监督的保护消费者合法权益的社会组织。

中国消费者协会每年针对前一年全国消协组织受理的汽车投诉数据进行分析，发布前一年度的汽车投诉榜单。

动画　汽车召回

动画　汽车召回网

视频　消费者协会介绍

图 3-19 中国汽车召回网发布的召回公告

汽车零部件及其他问题	比亚迪	奔驰	宝马	别克	奥迪	一汽大众	长安福特	东风日产	上汽大众	东风本田
订金	107	89	90	61	68	41	87	60	59	51
发动机	32	35	43	51	38	25	30	21	34	63
轮胎	16	35	17	13	12	9	20	11	10	9
涉嫌欺诈	25	12	17	24	16	12	13	13	11	4
机油	2	3	4	9	2	7	5	3	7	73
车漆	9	20	8	8	10	13	12	4	9	4
强制保险	7	8	6	10	10	10	7	4	9	7
刹车	5	14	10	14	3	5	6	11	6	7
空调	3	5	11	11	9	7	8	4	6	4
玻璃	6	10	5	4	3	4	5	1	11	9
车门	3	7	4	8	5	7	2	7	5	
拖延提车	11	1	4	1	3	4	4	5	3	1
车灯	1	1		1	5	2			5	
变速箱	3			4	1	1	2	4	2	
异味		1		2	3		1		2	
导航仪			1	1		2	1		3	

图 3-20 中消协发布的被投诉汽车品牌问题排行

【任务小结】

1. 收集国内外汽车行业协会及研究机构的相关资料，了解其对汽车产业的积极影响。

2. 收集国内外汽车行业协会发布的行业分析数据，了解汽车行业发展现状。

3. 拓展阅读。部分汽车行业协会及研究机构，中国汽车召回网，中国保险汽车安全指数，中国新车评价规程（C-NCAP）。

【课后练习】

详见智慧职教数字课程。

链接 国内常见汽车行业协会及研究机构

链接 中国汽车召回网、中国保险汽车安全指数、中国新车评价规程

工学任务三　熟悉汽车会展

PPT　汽车会展

微课　汽车会展

【学习目标】

1. 素质目标

（1）爱国守法、崇德向善、诚实守信。

（2）爱岗敬业、积极进取、团结协作。

（3）热爱劳动、沟通流畅、勇于创新。

（4）精益求精、工匠精神、7S 管理。

2. 知识目标

（1）掌握世界著名五大车展的发展趋势。

（2）掌握国内车展的发展趋势。

（3）掌握车展对于我国汽车自主品牌的影响。

3. 能力目标

（1）能够分析世界著名车展对汽车品牌发展的影响。

（2）能够分析我国车展的发展。

【任务导入】

本届法兰克福车展，除了全球车企的"电动热"之外，中国品牌在客场燃起的"中国火"也成为焦点。

红旗的首款电动超跑 S9 在本届法兰克福车展完成全球首发，另外 E115 纯电动大型 SUV 概念车也一同亮相。中国第一汽车集团有限公司董事长、党委书记徐留平在发布会现场宣布，红旗 S9 将于 2021 年在全球范围内实现交付，红旗 E115 将在 2020年推出。

两款车型的亮相，实现了红旗品牌从轿车到 SUV、从燃油车到电动车，多个细分领域更全面的覆盖。

——《全球"电"与中国"火"交融

——记 2019 法兰克福车展》 中国汽车报网

学习感悟

【课堂活动】

以 4～6 人为一个小组，分组进行对世界车展上中国品牌车辆的信息收集，并对资料进行讨论分析，讨论后填入工单中。

实 训 工 单

1. 资料收集	
车展名称	
车展上中国汽车品牌车辆的信息	
2. 分组讨论	
车展中展出该自主品牌汽车对其汽车品牌有什么影响？	
3. 资料拓展	
在车展中展出中国自主品牌汽车对中国汽车工业有什么影响？	

【相关知识】

　　汽车是流动的风景，带给人们多姿多彩的生活。汽车也承载着人们太多的梦想，而车展拉近了我们与梦想的距离。透过车展，人们可以更清晰地认识、了解和热爱汽车；通过车展，人们还可以看到汽车行业发展的前景和未来走向。汽车展览（图 3-21）更是汽车制造商们展示新产品、树立企业形象、展示公司实力、争夺汽车市场的舞台；也是进行汽车技术交流、发展经贸合作的良好机会，同时也促进了汽车文化的交流与发展。

　　1. 国外车展

　　（1）德国法兰克福国际车展

　　法兰克福国际车展（简称法兰克福车展）（图 3-22）是全球五大车展中技术性最强的车展，有世界汽车工业"奥运会"之称。法兰克福车展前身为柏林车展，创办于 1897 年，1951 年移到法兰克福举办，每年 9 月在德国法兰克福会展中心举行，曾是世界规模最大的车展。展览时间一般在 9 月中旬，展出的车辆主要有轿车、跑车、商务车、特种车、改装车及汽车零部件等，此外为配合车展，德国还举行不同规模的老爷车展览。

视频　德国法兰克福国际车展

图 3-21　车展现场

图 3-22　法兰克福车展

法兰克福车展每两年举办一次，每次为期两周左右，到 2019 年已成功举办 68 届。作为世界五大车展之一，法兰克福车展的参展商主要来自欧洲、美国和日本，尤其以欧洲汽车商居多，德国的几大汽车巨头如奔驰、宝马等占尽天时地利。

法兰克福车展的服务细致而周到，富有"专业精神"，符合德国人一贯滴水不漏的办事作风，也使得法兰克福车展有着浓厚的地域色彩。也许因为是名车发源的老家，靠近各大车商总部，看法兰克福车展的欧洲老百姓不但拖家带口、人山人海，而且消费心理非常成熟，汽车知识了解得很全面。车展上，各种品牌新车很多，参观者挑选车型重视的是科技状态的发展、汽配零部件质量，甚至是 DIY 维修问题、售后市场产品，理性实用的成分居多。

车展上人们不仅可以看到百年"老爷车"和光彩夺目的新车，还可以观看新车表演和国际赛事实况转播，并可获得汽车发展史、技术性能、安全行车、环保节能等多方面知识。与国内展览相比，展商们更易节省设备市场费用、运输时间和费用；但运用的高科技手段也比较多，其成本也更高，因为要使用大型互动媒体演示、模拟驾驶（图 3-23）、亲身体验等。

第 68 届法兰克福国际车展于 2019 年 9 月 10 ～ 22 日在德国法兰克福举行。本届车展共吸引了 30 个国家和地区的约 800 家整车制造商、科技企业、零部件供应商、出行服务商等企业参加，其中来自中国的参展商有 79 家，因此中国成为 2019 法兰克福车展参展企业最多的国家。新能源汽车是 2019 法兰克福车展最大的亮点。

汽车不再是单纯的 A 点到 B 点的交通工具，而是变成了智能载体、智能生活的一个重要组成部分，而这种趋势，实际上已经在 2019 年的法兰克福车展里有了很多展现。此次车展，奔驰展出的多数新车都是新能源车型，有 EQS 概念车、EQV 量产车以及 SmartEQ 等车型。戴姆勒股份公司董事会成员、研发总监康林松明确表示，EQ 电动车型将成为梅赛德斯 - 奔驰的未来核心业务。

红旗品牌 2019 年在法兰克福车展发布首款超跑车型——红旗 S9 概念车（图 3-24）。新车全身采用超轻碳纤维材料，并匹配 V8T 混合动力系统，最大功率可达 1 037 kW，百公里加速时间仅为 1.9 s，极速超过 400 km/h。新车外部线条极具流线感，激进的线条拥有很强的视觉冲击力，前脸中央采用红旗全新立标，五角星样式轮毂，与其红旗的品牌完美呼应。鸥翼造型的车门相当拉风抢眼，车尾底部的后扩散器造型夸张、十分有气势。

图 3-23　车展中模拟驾驶

图 3-24　红旗 S9 概念车

（2）法国巴黎国际汽车展

法国是汽车的发源地之一。巴黎国际汽车展（简称巴黎车展）（图 3-25）自 1898 年创办以来，直至 1976 年每年一届，以后每两年一届，是世界第二大汽车展。巴黎车展的展览时间一般在 9、10 月间，与德国法兰克福车展交替举办。巴黎车展是国际车展中商业味最浓的一个，作为浪漫之都的巴黎，它的车展如同时装展，总能给人争奇斗艳的感觉。巴黎车展的特色是法国和欧洲厂家参展较多，突出欧洲汽车的特点。法国汽车新颖独特的设计风格，在巴黎车展中显露无遗。与此同时，概念车多也是巴黎车展的一大特点，各款新奇的概念车型常常令观众有强烈的新奇感和时尚感。

视频　法国巴黎国际汽车展

图 3-25　巴黎车展

2018 巴黎车展上，雷诺展出了一款名为 EZ-ULTIMO 的概念车（图 3-26）。新车采用了科技感十足的设计，低矮的车身、类似太空舱的造型诠释着强烈的未来感。车内的座椅布局非常前卫，车头部分提供了一个环绕感十足的可转向独立座椅，旁边的吧台设计非常奢华，后部则提供了一个贯穿式的整体座椅，配合 L4 级自动驾驶技术，更多地展示了奢侈品与私人出行的设计理念。

2018 年 10 月 2 日，广汽传祺携旗下轿车、SUV、MPV 及概念车明星车型矩阵，不远万里从珠江之畔登陆巴黎车展，于塞纳河畔绽放璀璨光芒，令欧洲消费者"怦然心动"。据了解，传祺是首次参加巴黎车展，也是当年唯一参展的中国汽车品牌。

图 3-26　雷诺 EZ-ULTIMO 概念车

作为首次参加巴黎车展的中国车企，海外媒体对此也是表现出了极大的关注。包括法国各大权威媒体都对传祺参展及相关车型进行了报道，尤其是法国第一电视台，甚至还为传祺的欧洲之行做了专题报道（图 3-27）。此次传祺与奔驰、宝马、捷豹、路虎、特斯拉等欧美豪门同馆竞技。不过，传祺丝毫不惧"豪强环伺"，由全新传祺GS5 领衔，广汽传祺以自信从容的姿态，展出多款车型，阵容强大。同时，还举行了全新传祺 GS5 的首发仪式。

图 3-27　媒体对传祺参展的报道

全新传祺 GS5（图 3-28）还搭载了传祺第三代 1.5TGDI 发动机以及最新一代爱信 6 速自动变速器，拥有澎湃动力的同时，还通过多种先进技术提升燃油经济性。操控方面，全新传祺 GS5 采用目前最新设计和优化升级的 A+ 底盘平台。大师级的底盘调校和悬挂设计带来的是行业领先的灵敏转向、随心驾驭的操控性能和媲美跑车级的制动水准。搭载行业领先的"祺云概念"智联系统。不仅如此，前碰撞预警、车道偏离预警、智能远光灯等行业领先的安全科技也都将在全新传祺GS5 上搭载。

（3）美国北美国际汽车展

北美国际汽车展（简称北美车展）创办于 1907 年，起先叫作"底特律车展"，是世界最早的汽车展览之一，1989 年更名为"北美国际汽车展"（图 3-29）。美国底特律可以说是世界上与汽车联系最紧密的城市。从造车起步，靠汽车工业蜚声天下，现在底特律依然是美国这个"车轮上的国度"的发动机，底特律车展也成为当今世界最负盛名的车展之一，北美车展的特点是"妖娆"。拉开每年车展序幕的是北美车展，时间固定在 1 月 5 日左右开始。2019 北美车展是最后一届的冬季车展，北美车展组委会已经在官网正式公告，宣布这一有着百年历史的世界级汽车盛会的举办时间，将从 2020 年开始正式从每年 1 月变更为每年 6 月。

视频　北美国际汽车展

图 3-28　传祺 GS5

图 3-29　北美车展

　　众多人被吸引到车展的原因，除了对汽车的兴趣外，还因为车展办得像个大的假日集会，吃喝玩乐，热闹非凡。2016 年的北美国际汽车展中，有 40 余款新车登台亮相，其中 90% 为全球首发。作为展示全球汽车工业最高水平的车展之一，2016 年北美车展展品代表了未来汽车产业技术发展方向。其中，新能源、提高燃油经济性、数字化和自动驾驶四大潮流成为本次展会的看点。

　　吉利汽车是我国最先参加国外的一些大型车展的自主品牌，如图 3-30 所示。2006 年 1 月 8 日，吉利自由舰在北美汽车城底特律亮相，这是中国自主品牌首次被邀请参加北美车展，也是自主品牌"零"的突破。在该届车展中，参展的自由舰（CK-1）AT 版的变速器为国内首次自主研发，FC-1 为国内第一台自主研发的 1.8L 中级轿车，而 HQ 为国内第一款自主研发的右舵车。加上吉利首次参展，这四个"第一"见证了吉利汽车在当时的科研水平，更代表了当时中国的汽车品牌形象。

　　（4）瑞士日内瓦国际车展

　　一年一度的日内瓦国际车展（简称日内瓦车展）起始于 1905 年，每年 3 月举行，在第二次世界大战期间停办七年，是世界五大车展中最热闹的，被誉为"国际汽车潮流风向标"，2020 年日内瓦国际车展海报，如图 3-31 所示。

视频　瑞士日内瓦国际车展

图 3-30　吉利汽车参展

图 3-31　日内瓦车展宣传海报

　　瑞士没有自己的汽车工业，而日内瓦却承办着世界最知名车展之一的车展。日内瓦车展（图 3-32）是欧洲唯一每年举办的车展，以其迷人的景致，处处公平的氛围和细致入微的参展规则，受到汽车巨头们的好评，更为众多观光者所青睐。车展主办方最引以为自豪的是日内瓦公平的展览氛围，在世界五大车展举办国中，唯有瑞士目前没有汽车工业，因此日内瓦车展以其"中立"身份赢得最为"公平"的形象。

伴着瑞士让人倾倒的美景，日内瓦车展是许多车迷看车和旅游一举两得的好去处。车展期间，日内瓦大小饭店均告客满，每晚灯火辉煌，各类招待会和酒会一个赛一个，花样繁多的食品犹如食品博览会，给日内瓦带来了巨额的旅游收入。虽然日内瓦车展没有底特律、法兰克福车展的规模，在世界五大车展中属于"小家碧玉"型，但其特有的中立地位使得众多的参展商非常看好它。日内瓦车展历来推崇技术革新和偏重概念车，许多汽车制造商也乐于在日内瓦车展上推出新车。

（5）日本东京汽车展览

视频　日本东京车展

东京汽车展览（简称东京车展）诞生于1954年，最初展览名称为"全日本汽车展览"。自1964年起展览名称更改为"东京汽车展览"，是五大车展中历史最短的、亚洲最大的车展，被誉为亚洲汽车风向标。东京车展（图3-33和图3-34）每年10月底举行，单数年为轿车展，双数年为商用车展。展馆位于东京附近的千叶县幕张展览中心，目前其规模在日本国内仅次于东京国际展示场。东京车展历来是日本本土生产的各种千姿百态的小型汽车唱主角的舞台，这也是与其他国际著名车展相比最鲜明的特征。同时，各种各样的汽车电子设备和技术也是展会的一大亮点。东京车展对于世界汽车市场有较深的影响，对于亚洲汽车市场更有着重要的意义。

图3-32　日内瓦车展

图3-33　东京车展（1）

东京车展的特点是"细腻"。环保和节能始终是东京车展的亮点，与其他西方大型车展相比，东京车展更具亚洲东方神韵。日本厂商多款造型小巧精美、内饰高档的车总能成为车展的主角。东京车展以规模大，注重新产品新技术的推出，展出产品实用性强而闻名于世，车展的突出特点是车型种类繁多，这恰恰体现了日本人的细腻。由于市场竞争激烈，精明的日本车商早已把市场分成了无数小块，甚至以性别、年龄层次和特殊需求，在同一平台上设计不同的车型。

2. 国内车展

（1）北京国际汽车展览会

视频　北京国际车展

北京国际汽车展览会（Auto China）（简称北京车展）创办于1990年，是全球汽车业界在中国每两年一次的重要展示活动，也是中国最具权威性、最有影响力的国际汽车展览会，该展览会每逢双数年4月间在北京中国国际展览中心定期举办（图3-35）。依托中国巨大的汽车消费市场和快速发展的中国汽车工业，北京车展在展览规模、国际化水准、展品质量以及在全球的影响力逐届提高，受到中外汽车界、新闻界和社会各界的高度关注和积极参与，对促进中外汽车界的交流与合作、加快中国汽车工业的发展起到了积极的推动作用。

图 3-34　东京车展（2）

图 3-35　北京车展宣传

北京车展的规模逐届扩大，新产品、新技术不断推出，随着中国汽车市场和汽车工业的不断发展，目前在国际上已具有巨大影响。众多国际知名汽车公司将北京车展列为全球最重要的国际级车展，中国本土汽车企业也将北京车展作为展示自主知识品牌、推出最新科技成果的首选平台。北京车展始终坚持"展品精、品牌全、国际化"的办展理念和特色，结合地缘区域特有的政治、文化影响和人文色彩，形成极具特质的汽车文化氛围，造就北京车展的独特魅力。北京车展（图 3-36）已超越一个展会的意义，成为中国汽车行业具有国际影响力的象征符号。

2018 北京车展吸引了来自全球 14 个国家和地区的 1 200 多家参展商，共展示车辆 1 022 台，其中全球首发车 105 台，展车数量和展车品质继续保持全球领先水平。2018 北京车展的主题是"定义汽车新生活"。本届车展，汽车在新技术、新产业在与传统产业的不断融合中产生了一系列新的商业模式，创新思维、创新模式和创新产品。巨大的产业变革催生了新的汽车文明和理念，2018 北京车展是对当今汽车工业在科技革命浪潮推动下进入新时代的一次完美解读与诠释。2018 展会在老展馆继续设立零部件及汽车相关产品展区，同时专馆举办"第二届北京国际新能源汽车展"。作为中外汽车行业重要的品牌展示、新产品发布及科技创新成果的展示平台，2018 北京车展全面展示了全球汽车行业的最新变革成果与发展趋势，体现现代汽车制造与当今世界最新科技成果结合的创新理念，聚焦新能源汽车、智能汽车、移动互联、无人驾驶等前沿技术，憧憬汽车工业为未来人类生活带来便利的美好明天。

（2）上海国际汽车工业展览会

上海国际汽车工业展览会（Auto Shanghai）（简称上海车展）创办于 1985 年，两年举办一届，逢单数年举办。伴随着中国及国际汽车工业的发展，经过多年积累，上海车展已成为中国最权威、国际上最具影响力的汽车大展之一（图 3-37）。随着上海车展规模扩大及行业影响力深化，2015 年上海车展移师全球最大的会展中心上海国家会展中心全新亮相，能够更好地满足参展企业，提供更卓越的现场服务。作为中国乃至国际汽车工业最具品牌价值与影响力的展示、发布及贸易平台之一，上海车展这一万众瞩目的全球汽车大展，聚焦了中国及全球汽车产业的新科技、新产品，显示全球工业在设计、环保、文化等方面的前沿理念。

视频　上海国际车展

图 3-36　北京车展

图 3-37　上海车展

　　2019 年上海车展于 4 月 18 日正式开幕，上海车展的主题是智能，未来国内汽车市场将会以智能新能源汽车为主导，慢慢实现人车智能互联。由此可见，汽车行业对于一个国家的科技发展，同样有着促进作用。国内汽车市场正在迎来悄然变革，由传统工业制造转变成科技带动工业发展。

【任务小结】

　　1. 能够阐述国内外各大车展的发展和趋势。
　　2. 分析各大车展对我国汽车自主品牌的影响。
　　3. 拓展阅读。汽车相关微信公众号、门户网站汽车频道、汽车论坛、专门汽车网站等最新汽车资讯。

【课后练习】

　　详见智慧职教数字课程。

工学任务四　熟悉赛车运动

【学习目标】

1. 素质目标
（1）爱国守法、崇德向善、诚实守信。
（2）爱岗敬业、积极进取、团结协作。
（3）热爱运动、沟通流畅、勇于创新。
（4）敢于挑战、追求卓越、永不言弃。

2. 知识目标
（1）了解世界赛车运动的发展历程。
（2）熟悉世界赛车运动的主要比赛类型及比赛规则。
（3）熟悉国内赛车运动的现状和未来发展趋势。
（4）熟悉国内外赛车运动的主要赛事。

3. 能力目标
（1）掌握通过网络收集赛车运动相关信息的能力。
（2）能对收集到的信息进行分析。

PPT　赛车运动

微课　赛车运动

【任务导入】

从没有人在第一圈转弯处，就取得比赛胜机，但是很多人就输在那里。赛车场上路遥遥，想第一个冲过终点，首先必须跑完赛程……赛车时，你的眼睛往哪里看，车子就往哪里去。车子打滑时，赛车手若一直盯着墙看，就会撞上那道墙……

——《我在雨中等你》　作者：加思·斯坦

没有一招必胜的绝技，就看谁能在逼近极限的同时，犯更少的错误，你过的每一道弯，都没有机会再来一次，你犯的每一个错，都会断送整场比赛，甚至你的职业生涯……

需要专业和冷静，需要你在全世界最危险的地方，全速前进，什么尊严、面子、荣耀、廉耻你都顾不上，怎么战胜对手，就是找到最晚的刹车点，找到轮胎的摩擦力极限，找到你自我能力的边界，然后，把你眼前的每一个弯都过好，这不是驾驶的技术，是驾驶的艺术。

——电影《飞驰人生》

学习感悟

【课堂活动】

以 4～6 人为一个小组，分组收集赛车运动（各组收集不同的比赛类型）的相关资料，讨论后填入工单中。

实 训 工 单

1. 资料收集	
目标赛车运动的基本情况	
2. 分组讨论	
目标赛车运动的发展历程	
目标赛车运动的比赛规则	
3. 资料拓展	
目标赛车运动的主要赛事	

【相关知识】

视频　赛车的
发展历史

1. 赛车运动的起源和发展

法国重视汽车产业带来了汽车工业的迅速发展，催生出赛车运动。

赛车运动发源于法国，世界上第一次有记录的赛车比赛发生在 1887 年的 4 月 20 日。这一天，法国《汽车》杂志主编弗谢筹办了从巴黎的桑·贾姆沿塞纳河直至努伊伊的赛车比赛，但参加这次比赛的却只有一个人——乔尔基·布顿，他驾驶可乘 4 人、带脚蹬的蒸汽机四轮车跑完了全程，赛车运动由此产生（图 3-38）。

图 3-38　早期的赛车比赛

　　1895 年的 6 月 1～13 日，由法国汽车俱乐部和《鲁·普奇·杰鲁纳尔》报社联合举办了一场世界上最长距离的汽车公路赛，线路从巴黎到波尔多往返，全程长达 1 178 km，参赛车总共有 22 辆，自此，赛车运动逐步发展。

　　1895 年，美国《芝加哥时代先驱报》发行人科萨特出面组织了全美第一次大型赛车比赛。从这次比赛开始，赛车运动渐渐趋于规范化。这场比赛仅有 6 辆车参加，但吸引了成千上万的观众围观，大家都被赛车运动的独特魅力所深深吸引。汽车比赛、赛车手成为了当时的热议话题。

　　赛车运动在不断的发展中衍生出不同的比赛类型，比如为了避免赛车在野外比赛时扬起漫天尘土而影响后面车手的视线，造成伤亡事件，车赛逐渐改为在封闭的道路赛场和跑道上进行，这就是赛车场地赛的雏形，也由此最终催生了 1896 年在美国的普罗维登斯举行的最早的赛车场地赛。

　　为了更好地推广赛车运动，法国 1905 年在勒芒市举行了第一次真正意义上的场地赛车大奖赛（Grand Prix）。从此，赛车大奖赛成为世界体育舞台上一项非常重要的赛事，小城市勒芒也因此闻名于世，赛车运动也迎来了其发展史的又一个高潮。

　　1911 年，摩纳哥首次举办了一场将欧洲 10 国各自的首都作为起点，以摩纳哥的蒙特卡洛为终点的赛车长途越野赛，并以 RALLY（音译"拉力"）命名，这也就是如今大家所熟知的"拉力赛"，比如在沈腾主演的励志搞笑电影《飞驰人生》中提到的达喀尔拉力赛便源于此。

　　经过不断的发展与完善，赛车运动已经成为一项十分规范且形式丰富的赛事。从 F1 赛、拉力赛、越野赛到耐久赛、直线竞速赛，再到印地车赛、卡丁车赛以及创纪录赛，赛车运动凭借比赛中的那一份速度与激情和勇往直前的精神，感染着参赛者与观众，得到越来越多的人的喜爱。

　　2. 赛车运动的组织机构

　　国际汽车联合会（缩写：FIA；简称国际汽联）成立于 1904 年 6 月 20 日，主要致力于协调各国汽车与摩托车组织，帮助驾驶者解决问题，并统筹全世界各种汽车与摩托车赛事。国际汽车联合会标志如图 3-39 所示。

　　中国汽车运动联合会（FASC）于 1975 年在北京成立，1983 年加入国际汽车联合会（图 3-40）。

图 3-39　国际汽车联合会标志

图 3-40　中国汽车运动联合会标志

　　3. 赛车运动的魅力

　　赛车运动之所以可以引起巨大的反响与其充满了危险、刺激的特性分不开。但是赛车技术也可运用在民用车领域。赛车有助于提升汽车的性能，尤其是它的动力性。赛车场是汽车技术创新的"试验田"。赛车能够使汽车的所有零件都处于最大应力状态下工作，将正常使用条件下几年后才能出现的问题在短短几个小时之内就能暴露出来，节省了大量验证的时间。赛车也是动态的车展和最佳的广告，同时也促进了汽车大众化，也是集人与车为一体的综合较量。

赛车运动不仅仅是车手一个人的比赛，更是整个车队协同工作，团结一致的表现。分站赛间隙由于场地转移，对赛车、零件运输，考验车队的高效管理能力；赛前，根据赛道特性对赛车做适应性的调校，发动机的升级，考验车队的技术能力；比赛时，随时应对突发情况，做出不同的策略战术，则考验车队的决策能力。

对于车队而言，其除了提供必要的辅助措施以外，还是车手强大的后盾。车队后援团，也是赛车运动最精彩的亮点之一。比如当车手在练习赛或排位赛出现失误而撞坏赛车时，车队技师们就需要争分夺秒，全力以赴在最短时间内完整地修好赛车，不仅赛车要修复完整，赛车性能也要完好。这种团队整体性是其他运动都无法抗衡的，赛车运动的精髓莫过于此。

车队和车手的重要性同样不言而喻。好的车队会给予车手一台优秀的赛车，并让车手随时可以发挥自己全部的实力，而好的车手也会使车队的工作事半功倍，少犯错，减少车队因为事故而对赛车的维修工作，转而将精力放在提高赛车性能和场地适应性上。在赛道中，车手往往对成绩有着至关重要的影响，这也是比赛精彩程度的体现，实力强大的车手之间会奉献更多精彩的攻防缠斗，使得车迷为之直呼过瘾。集全队之力于一人，这恐怕是最充满激情与刺激的。

赛车运动的魅力只有亲历才能体会，这种紧张、刺激、团队协作的默契，也是许多其他运动都无法比拟的（图3-41和图3-42）。

图 3-41   赛车场上抢修赛车   图 3-42   赛车飞驰掠影

4. 赛车运动分类

（1）按比赛路线划分

按比赛路线的不同，赛车运动可划分为长距离比赛、环形地比赛和无道路比赛。

（2）按比赛场地划分

赛车运动分为两大类，场地赛车和非场地赛车。场地赛车即赛车在规定的封闭场地中进行比赛，可分为漂移赛、方程式赛、轿车赛、运动汽车赛、GT耐力赛、短道拉力赛、场地越野赛、直线竞速赛等。非场地赛车的比赛场地是非封闭的，主要分拉力赛、越野赛及登山赛、沙滩赛、泥地赛等，如图3-43所示。

图 3-43　赛车运动的分类

5. 赛车运动的主要比赛形式

（1）方程式赛车

1950 年诞生了第一场世界一级方程式锦标赛（简称 F1），方程式赛车（Formula Racing）要求赛车必须依照国际汽车联合会制定颁发的车辆技术规则规定的程式，包括车体结构、长度和宽度、最低质量、发动机工作容积、气缸数量、油箱容量、电子设备以及轮胎花纹、尺寸等赛车的所有技术参数，进行设计和制造。以共同的方程式（规则限制）制造的赛车即方程式赛车，所进行的比赛就是方程式赛车比赛，如图 3-44 所示。

方程式赛车分为几个不同的级别，最高级别是一级方程式赛车（Formula 1，F1）、其次是二级方程式赛车（Formula 2，F2，现已不存在）、再其次是三级方程式赛车（Formula 3，F3）、方程式赛车 3000（F3000）。每个级别都没有指定的制造商或发动机，只要赛车依"方程式"建造，便能加入比赛。F3 比赛使用的赛车是四轮外露的单座位纯跑道用方程式赛车，外形与一级方程式赛车相类似，但体积比较小，车身窄，最低质量为 455 kg、配备 4 气缸、工作容积为 1.0 L 的自然吸气式汽油发动机，输出功率约为 125 kW（图 3-45）。

图 3-44　F1 著名车队索伯车队

图 3-45　F3 赛事瞬间

世界各地还有一些统一规格的方程式赛车，其建造"方程式"由制造商自行制订，参赛赛车一样，大多作为入门级的赛事。例如汽车制造商雷诺旗下的赛车部"雷诺运动"设计了雷诺方程式，其他的还有宝马方程式、福特方程式等，如图 3-46 和图 3-47 所示。

2019 年 4 月 14 日，国际汽联电动方程式锦标赛 Formula E 第七站比赛在历史古城——意大利罗马展开。捷豹车队 20 号车手 Mitch Evans 在紧张激烈的争夺中杀出重围，摘得罗马站桂冠，如图 3-48 所示。

视频　方程式赛车

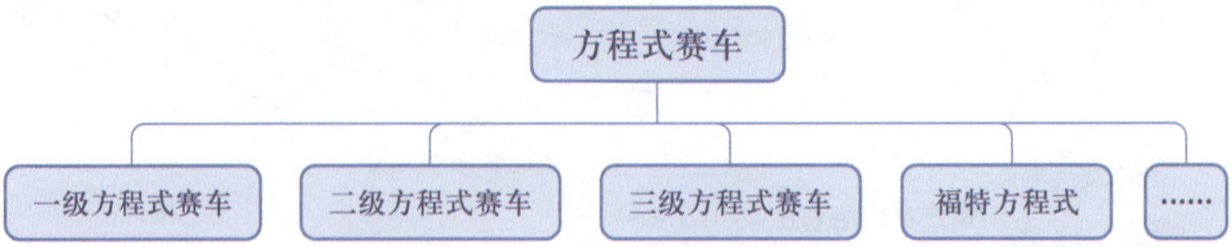

```
          方程式赛车
   ┌────┬────┬────┬────┐
一级方程  二级方程  三级方程  福特方程  ……
式赛车    式赛车    式赛车    式
```

图 3-46　方程式赛车类型

图 3-47　福特方程式赛车

图 3-48　捷豹车队车手驾驶的 I-TYPE 3
电动方程式赛车

（2）拉力赛

拉力赛在有路基的土路、砂砾路或柏油路上进行，比赛在一个国家内或跨越数国，是一项既检验车辆性能和质量，又考验驾驶员驾驶技术的长途比赛。比赛在规定日期内分若干阶段进行，每阶段内设置由行驶路段连接的数个测速的赛段交替进行，每个赛段的长度不超过 30 km。比赛采用单个发车方法，每个车组由 1 名驾驶员和 1 名副驾驶员组成。以每个车组完成全部特殊路段比赛的时间和在行驶路段所受处罚时间累计计算最终成绩，时间越短排名越前。比赛对行驶路段的行驶时有严格限制，迟到或早到都会受到处罚。拉力赛的每一站比赛通常为 3 天，在事先设定好的赛道上划出了 20～30 处被称为 SS（Special Stage）的赛段，每个赛段最短 3 km，最长可达 30 km，赛车选手驾驶赛车以最快速度通过赛段以决出比赛名次。比赛的主办者必须对赛段进行最严格的管理，除萨法利拉力赛外，拉力赛的各个赛段都严禁其他车辆通行。在各赛段上每隔 2～3 min 有一辆赛车出发投入比赛，拉力赛车与 F1 等场地汽车比赛的最大区别在于，错开时间出发的赛车选手们是在完全看不见竞争对手的情况下进行比赛的。拉力赛车都配备一名领航员，坐在副驾驶席上的领航员通过被称作"Pace Note"的比赛路线。选手们在领航员的配合之下，任凭大雾弥漫或者雨雪交加，以超乎人们想象的速度驶过每一处弯道，最终那些能够征服大自然重重障碍，以最短时间完成比赛的选手将赢得胜利。区别于场地赛在封闭的专用赛道上进行比赛，汽车拉力赛的比赛道路为各种临时封闭后的普通道路，包括山区和丘陵的盘山公路、沙石路、泥泞路、冰雪路等，也包括无法封闭的沙漠、戈壁、草原等地段。复杂的地形和漫长的赛程不仅考验车手的车技和经验，还要考验领航员的配合、车辆的性能以及维修的力量。因此，无论对于车手还是车队，拉力赛都是一项无比复杂的综合性考验。

巴黎达喀尔拉力赛（The Paris Dakar Rally）简称达喀尔拉力赛，是一个每年都会举行的专业越野拉力赛。比赛对车手是否为职业选手并无限制，80% 左右的参赛者都为业余选手。虽然名称为拉力赛，但事实上这是一个远离公路的耐力赛。比赛中需要经过的地形比普通拉力赛的要复杂且艰难得多，而且参赛车辆都为真正的越野车，而非普通拉力赛中的改装轿车。拉力赛的大部分赛段都是远离公路的，需要穿过沙丘、泥浆、草丛、岩石和沙漠。车辆每天行进的路程从几公里到几百公里不等，如图3-49所示。

2017年7月18日丝绸之路拉力赛第10赛段比赛结束。TWO WHEELS DRIVE车队选手阿莫斯以3小时24分24秒拿下本赛段冠军，如图3-50所示。

图 3-49　达喀尔拉力赛精彩瞬间　　　　　图 3-50　丝绸之路拉力赛赛况

2017年9月27日中国汽车拉力锦标赛贵州六盘水站比赛圆满落幕，一汽大众车队马克－希金斯夺冠，如图3-51所示。

（3）直线竞速

直线竞速是汽车场地赛项目之一，比赛按不同车型及发动机工作容积分为12～14个级别，比赛在两条并列长1 500 m、各宽15 m的直线柏油跑道上进行，实际比赛距离为1/4英里（1英里=1.609 344 km）或1/8英里。比赛时每2辆车为1组，实行淘汰制，分多轮进行，直至决出冠军。采用定点发车方法，加速行进，通过电子仪器测量从发车线到终点线的行驶时间评定成绩。比赛使用特别设计制造的活塞式或喷气式专用赛车，以汽油、甲醇或煤油为燃料，车重500～1 000 kg。其中TAFC级的发动机容积达8.93 L，输出功率2 500马力（1马力=745.700 W），速度达382 km/h；TFD级的发动机容积为8.127 L，输出功率5 000马力，速度可达460 km/h。

视频　直线加速竞赛

2016年8月6日，国内第一个专业、正规的汽车直线竞速赛品牌——FAST4WARD在上海F1国际赛车场成功举办直线竞速赛，如图3-52所示。

图 3-51　2017年中国汽车拉力锦标赛贵州　　　　图 3-52　2016年中国汽车直线竞速锦标赛
　　　　　　六盘水站比赛赛况　　　　　　　　　　　　　　上海站现场

2017 年 9 月 23 ~ 24 日，FAST4WARD 举办了中国汽车直线竞速锦标赛 CDRC 珠海站活动，比赛突出了汽车直线竞速赛"贴地飞翔"的特质，如图 3-53 所示。

（4）耐久赛

耐久赛也称 GT 赛，是汽车场地赛的一种，为长时间耐久性汽车比赛。GT 赛最大的特点是拥有不同于拉力赛的闭路场地，比赛车辆分旅行车和运动原型车两类，根据发动机的工作容积分为若干级别，如 GT1 ~ GT4 等。著名的 GT 赛事包括 FIA 世界耐力锦标赛、国际汽联 GT3 欧洲锦标赛、法国勒芒 24 小时耐力赛（如图 3-54 所示）、日本铃鹿 8 小时耐久赛、伯格林 24 小时耐力赛及其他各种赞助商冠名的 GT 赛事。比赛中每车可设 2 ~ 3 名驾驶员轮流驾驶。每年的国际汽车耐力系列赛分为 11 站，在世界各地举行。比赛一般进行 8 ~ 12 h，以完成圈数的多少评定成绩。

视频　耐久赛

图 3-53　2017 年中国汽车直线竞速锦标赛
珠海站现场

图 3-54　勒芒赛上的奥迪 R18 赛车

（5）印地车赛

印地车赛是汽车场地比赛的一种，是北美最高规格的开轮式赛车比赛。1978 年由 18 支印地车队联合成立了"印地锦标赛赛车队有限公司"，建立了赛事管理机构举办系列车赛，制订了独特的比赛规则。1979 年举办了第一次比赛，成为不受国际汽车联合会管辖的汽车比赛，1996 年创办了世界锦标赛。比赛使用车辆的整体结构类似一级方程式的四轮外露式单座位纯跑道用赛车，采用排量为 8 气缸、工作容积为 2.6 ~ 3.4 L 且以不易挥发的甲醇为燃料的涡轮增压式发动机，输出功率为 700 ~ 850 马力。印地赛车系列赛中拥有多种类型的赛道，最主要的四种是：椭圆赛道、永久的传统赛道、临时的街道赛道、椭圆与传统混合的赛道。依不同的比赛场地，比赛距离为 320 ~ 800 km 不等。

2017 年 5 月 28 日，Indy500 大赛在美国印第安纳波利斯赛道落幕，日本车手佐藤琢磨获胜，如图 3-55 所示。

（6）卡丁车赛

卡丁车是流行于欧美的无车厢微型敞篷赛车，属于汽车场地赛项目的一种。现代意义的卡丁车运动起源于 20 世纪 50 年代的美国，1951 年美国人阿特·英吉斯组装成了世界上第一辆卡丁车。卡丁车赛是世界方程式赛车的最初级形式，也称"迷你方程式"。卡丁车比赛使用轻钢管结构，操纵简单，无车体外壳，装配 100 mL、125 mL或 250 mL 汽油发动机的 4 轮单座位的微型赛车，车轮独立持久地接触地面，后两轮驱动前两轮导向。卡丁车外形小巧，结构简单，重心低，易于操控，选手在曲折的环形路线上行驶，比赛速度感强，选手能感觉到高于实际车速 2～3 倍，尤其是弯道上产生 3～4 倍于重力的横向加速度的超速感应，让人们尽享追风逐电的快感。卡丁车赛是培养职业赛车手的摇篮，我们熟悉的众多 F1 赛手如塞纳、舒马赫、威廉纽夫、希尔、普罗斯特等都是从卡丁车入门成为世界顶级车手的，同时卡丁车也是一项极具魅力的户外休闲运动，如图 3-56 所示。

图 3-55　2017 年 Indy500 大赛比赛现场　　　　图 3-56　卡丁车比赛中的选手

世界卡丁车联合会于 1962 年成立，1995 年中国汽车运动联合会"FASC"加入其中，卡丁车运动正式引入中国。随着大众传播媒介的宣传和介绍，卡丁车运动在全国范围内正蓬勃发展，如图 3-57 所示。

（7）创纪录赛

创纪录赛是在某个场地或路段以单车出发创造最高行驶速度纪录的赛车运动，按汽车发动机的工作容积分 A～J 共 10 个级别。1965 年 11 月，萨莫斯兄弟创造了"车轮驱动陆地速度纪录"，时速达 660 km/h；1983 年，来自英国的活跃于陆地极速纪录挑战界的名人理查德·诺贝尔驾驶以劳斯莱斯亚文式喷射引擎为动力的速度挑战车"推进二号"，在美国内华达州雷诺城北 200 英里的黑岩沙漠中，以往返各一趟 1 英里区间内平均车速 1 019.47 km/h 的成绩，创造了以喷气式发动机为动力驱动的汽车最高速度纪录，发动机的输出总功率为 60 000 马力。

（8）越野赛

越野赛是汽车道路比赛项目之一，是在一个国家的公路和自然道路上举行的允许对该国进行考察的汽车比赛。经过几个国家的领土、总长度超过 10 000 km 或跨洲的比赛称马拉松越野赛。除国际汽联特别批准外，越野赛的赛程不得超过 15 天，比赛必须在白天进行，采用单车发车方式。比赛每经过 10 个阶段后至少休息 18 h，每阶段的行驶距离自定，每个赛段的最大长度规定不超过 350 km，马拉松越野赛规定不超过 800 km，必须使用在国际汽联注册的全轮驱动汽车参赛。1996 年国际汽联首次对越野赛实行世界杯赛制，其中较著名的比赛有巴黎至达喀尔越野赛、突尼斯国际汽车赛、巴黎至莫斯科至北京马拉松汽车越野赛、阿拉伯联合酋长国沙漠挑战赛等。

图 3-58 所示为 2013 年 7 月 15 日，北京·怀柔全国汽车场地越野锦标赛决赛赛况，哈弗车队车手乔旭在柴油改装组比赛中。最终，乔旭以 3′48″86 的成绩获得比赛冠军。

图 3-57　中国室内卡丁车赛场

图 3-58　2013 北京·怀柔全国汽车场地越野锦标赛决赛赛况

2017 年 8 月 10 日，第二届青海湖高原越野精英赛发车仪式之后，车手们在龙羊湖畔进行了短道排位赛的较量，嘉禾兴产润滑油车队苏宝恒 / 苗晋华车组跑出了 12′35″ 的全场最快成绩（图 3-59）。

6. 国外赛车运动的发展

随着时代的进步，赛车运动也发展出不同种类比赛形式以及不同场地的赛事。直到今天，赛车运动已经成为全球无数车迷关注的体育项目。

世界一级方程式锦标赛（F1 比赛）是由国际汽车运动联合会（FIA）举办的最高等级的年度系列场地赛车比赛，是当今世界最高水平的赛车比赛，与奥运会、世界杯足球赛并称为"世界三大体育盛事"（图 3-60）。

图 3-59　第二届青海湖高原越野精英赛现场

图 3-60　世界一级方程式锦标赛现场

F1 比赛可以说是高科技、团队精神、车手智慧与勇气的集合体，是世界上最昂贵、速度最快、科技含量最高的汽车运动，也是商业价值最高，魅力最大，最吸引人观看的体育赛事之一。包括以空气动力学为主，加有无线电通信、电气工程等世界上最先进的相关技术都在 F1 的赛车上得以实践（如图 3-61 所示）。F1 比赛每年要在世界各地的多个分站比赛，全球多家电视台都会转播比赛的盛况。

美国纳斯卡车赛（NASCAR）是一项在美国流行的汽车赛事。NASCAR 每年有约 2 000 场比赛。这些比赛分为十二个独立的系列，在全国的 100 多个赛场举行。NASCAR 的成员人数超过 50 000 人，其中包括一部分全世界最出色的车手和机械师。每年有超过 1.5 亿人次现场观众观看比赛，电视收视率更是远超棒球、篮球和橄榄球等体育运动，因此有人称它为美国人的 F1 赛（图 3-61）。

图 3-61　F1 比赛中驰骋的赛车

图 3-62　NASCAR 比赛现场

　　世界汽车拉力锦标赛（WRC）是与 F1 齐名的另一个世界顶级汽车赛事，各队车手驾驶经过专业改装的量产车，转战全球各地，战胜包括沙石、冰雪、柏油、泥泽、雨地在内数千公里的种种恶劣地形，力拼 11 个月才能决出最终的王者，被誉为世界上最严苛的汽车拉力赛（图 3-63）。

7. 国内赛车运动的现状及发展

（1）中国赛车赛事类型

　　中国赛车运动起步较晚，但发展迅速。目前国内各大赛事基本与国际赛事类型不分伯仲，包括了场地赛（房车、GT、方程式、卡丁车、摩托车等）和越野与拉力赛（远距离大穿越赛事及场地越野赛、长距离拉力赛等）。随着国内外赛事更多的交流，更引进了 Rally Cross 等先进的赛事理念，每年由中国汽车摩托车运动联合会主办的赛事约 300 余场（图 3-64）。

图 3-63　世界汽车拉力锦标赛现场

图 3-64　中国赛车比赛现场

（2）中国赛车各项赛事每年的发展规模和趋势

　　目前，发展最为迅速的国内几大赛事分别为中国房车锦标赛（CTCC）、China GT、中国汽车拉力锦标赛（CRC）丝绸之路拉力赛（Silk Way Rally）及中国大学生方程式汽车系列大赛等。

　　CTCC 作为全国乃至全球目前集合汽车厂商最多的赛事平台，每年到场观众保持10 万人以上，每年更是积极拓展媒体传播，CTCC 从电视媒体到网络直播，辐射面正稳步上升。

China GT 则在豪车领域吸引了国内有一定经济基础的主流消费群体，其俱乐部参赛的形式，成为年轻人热衷的赛事。

CRC 自 1999 年起正式举办，从最初每年 2、3 站比赛到现在每年稳定在 6 站比赛，平均每站比赛有超过 20 支车队、100 台赛车参赛，其中国外高水平车手约 10 人，是国内级别最高、规模最大的汽车赛事之一。CRC 包含的路况复杂，崎岖的山路、多弯的丛林，甚至是冰封的湖面，对于驾驶技术和车辆都是考验，因此也有极高的关注度（图 3-65）。

丝绸之路拉力赛是在 2015 年随着中俄两国在政治、经济等方面的交流不断升温，以及"一带一路"倡议的提出应运而生的。该项赛事由中俄双方共同举办，受到两国领导人的高度重视。拉力赛总里程 10 734.89 km，其中 4 105.05 km 特殊赛段，是有史以来最激情的越野拉力赛事。第一届拉力赛发车仪式是在莫斯科红场由普京总统亲自挥旗，而后一路向东，跨越俄罗斯、哈萨克斯坦和中国三个国家，最终抵达国家体育场（北京鸟巢）。超过 2.43 亿的观众共同关注了这项赛事。

其余各大赛事也在汽车运动发展的带动下，每年有着一定幅度的赛制革新以及场次的增加。

中国大学生方程式汽车大赛（简称中国 FSC）是一项由高等院校汽车工程或汽车相关专业在校学生组队参加的汽车设计与制造比赛。各参赛车队按照赛事规则和赛车制造标准，在一年的时间内自行设计和制造出一辆在加速、制动、操控性等方面具有优异表现的小型单人座休闲赛车，能够成功完成全部或部分赛事环节的比赛。2010 年第一届中国 FSC 由中国汽车工程学会、中国二十所大学汽车院系、国内领先的汽车传媒集团——易车，联合发起举办，如图 3-66 所示。中国 FSC 秉持"中国创造擎动未来"的远大理想，立足于中国汽车工程教育和汽车产业的现实基础，吸收借鉴其他国家赛事的成功经验，打造一个新型的培养中国未来汽车产业领导者和工程师的交流盛会，并成为与国际青年汽车工程师交流的平台；致力于为国内优秀汽车人才的培养和选拔搭建公共平台，通过全方位考核，提高学生的设计、制造、成本控制、商业营销、沟通与协调等五方面的综合能力，全面提升汽车专业学生的综合素质，为中国汽车产业的发展进行长期的人才积蓄，促进中国汽车工业从"制造大国"向"制造强国"的战略方向迈进。比赛通过一系列静态和动态的项目来评判汽车的优劣，这些项目包括：技术检验、成本分析、市场陈述、工程设计、单项性能测试、耐久测试、燃油经济性，通过给这些项目打分来评判汽车的综合性能。

图 3-65　2018 年中国汽车拉力锦标赛现场

图 3-66　五位大赛创始人

赛事举办验证了产学研相结合模式的成功，中国大学生方程式系列赛事是由中国汽车工程学会牵头搭建平台，由来自整车和零部件企业派出的工程师作为裁判进行技术上的把关，通过造车的方式，把多年积累的经验和技术直接传授给有志于投身汽车行业的莘莘学子，为汽车行业自身的发展和技术提升持续输送新鲜血液，实现了产、学、研三方的共赢局面。这其中，蔚来、爱驰、一汽、东风、上汽、广汽、长安、奇瑞、北汽、天津汽研等国内汽车企业、研究机构给予了无私的技术援助和经费支持，易车、大陆集团、麦格纳、赛麟、本田技研、ANSYS、MathWorks、中石油等企业也进行了长期的参与和支持（图 3-67）。

在 2010—2019 年，有 11 支外国车队先后参加中国 FSC，其中包括卡尔斯鲁厄大学、慕尼黑理工大学等欧洲顶级车队。国内车队中，累计出国参赛的车队也达到了15 支，累计出国参赛 56 场次。在持续的国际交流中，国内车队的成绩逐年提高，在2018 年日本赛上，同济大学车队取得了总分第三的好成绩。在 2019 年德国赛上，吉林大学车队夺得了直线加速的第二名。比赛名次的稳步上升，有力地佐证了中国理工科学生的整体能力在稳步提升。

2017 年 11 月 17 日，2017 年中国 FSC 圆满落幕，湖南大学睿速赛车队在此次大赛中夺得冠军。湖南大学睿速赛车队成立于 2006 年 10 月，是中国大陆第一支大学生方程式赛车队。车队成立以来，已成功自主研发多代性能卓越的方程式赛车，具备出众的赛车研发能力。车队多年参加中国大学生方程式汽车大赛，并曾于 2007 年和 2008 年赴美参加国际大学生方程式赛车比赛，2015 年赴德参加德国大学生方程式汽车大赛（图 3-68～图 3-70）。

视频 我国大学生方程式赛车的发展历程

图 3-67 赛事图片

图 3-68 湖南大学睿速赛车队夺得冠军

图 3-69 湖南大学睿速赛车队德国赛合影

图 3-70 比赛中的湖南大学睿速赛车队

2019 年 10 月 12 日，经过 4 天的鏖战，2019 年中国 FSC 在湖北襄阳梦想方程式赛场胜利落下帷幕。来自全国 60 所高校、各汽车及零部件企业的嘉宾、师生和裁判共 2 000 余人共同见证了本次大赛的成功举办，同济大学车队夺得此次比赛冠军（图 3-71）。

中国大学生电动方程式汽车大赛（FSEC）是中国 FSC 油（车）电（车）分离后的大赛，首届大赛在 2015 年 11 月 3～7 日在上海 F1 赛道举办。（FSEC）是一项由高等院校汽车工程或汽车相关专业在校学生组队参加的汽车设计与制造比赛。各参赛车队按照赛事规则和赛车制造标准，在一年的时间内自行设计和制造出一辆在加速、制动、操控性等方面具有优异表现的小型单人座休闲赛车，能够成功完成全部或部分赛事环节的比赛。

2019 年 11 月 23 日，在珠海举办的 2019 "蔚来杯" 中国大学生电动方程式汽车大赛正式结束，该比赛一共持续了 6 天时间。湖南大学电动方程式赛车队以总成绩第一获得了 2020 年即将举办的德国大学生方程式赛车的 "入场券"，他们将代表中国出征此次国际比赛（图 3-72 和图 3-73）。

图 3-71　2019 年同济大学车队获得冠军

图 3-72　比赛中的湖南大学电动方程式赛车

中国汽车工程学会巴哈大赛 Baja SAE China（简称 BSC 大赛）是由中国汽车工程学会主办，由高等院校、职业院校汽车及相关专业在校生组队参加的越野汽车设计、制造和检测的比赛，在各院校间开展的汽车设计和制作竞赛。各参赛车队按照赛事规则和赛车制造标准，在规定时间内，使用同一型号发动机，设计制造一辆单座、发动机中置、后驱的小型越野车。此项赛事起源于美国，是大学生方程式汽车大赛的前身。竞赛包括多种静态与动态项目测试，静态项目包括技术检测、赛车设计、成本与制造、商业营销等，动态项目包括牵引力测试、操控测试、爬坡测试、耐力测试等。

Baja 是西班牙语越野车的意思，巴哈大赛于 1976 年起源于美国。该项赛事是继 "中国大学生方程式汽车大赛" 成功举办之后，中国汽车工程学会推出的又一个全新的技能型人才培养平台。BSC 是一种全新的技术教育和工程实践过程，会给参赛学生带来新的挑战。大赛以兴趣为导向，崇尚 "人人皆可成才，人人尽展其才" 的现代教育精神，可以使参赛学生进一步掌握汽车结构设计、制造、装配、调教维护、市场营销、成本控制等多方面的专业知识与技能，提高学生的团队合作能力（图 3-74）。

图 3-73　大赛开幕仪式上飞扬的 ERT 队旗　　　图 3-74　巴哈大赛比赛中的赛车手

BSC 大赛通过职业院校和本科院校的同场竞技，真正体现、提升专业内涵，为汽车产业输送更多复合型人才，促进汽车运动产业的蓬勃发展。BSC 大赛不仅是一项由汽车相关专业在校学生组队参加的汽车设计和制造比赛，更是一项适用于全民、全社会参与的一项科技活动。

在各方的大力支持和各院校的广泛参与下，首届中国汽车工程学会巴哈大赛于2015 年 8 月 29 日在山东潍坊完美落幕，大赛取得了圆满成功，如今越来越多的学校参与此项赛事。

2017 年 8 月 17 日，经过 4 天激烈角逐，2017 中国汽车工程学会巴哈大赛乌兰察布站比赛在乌兰察布市集宁区巴哈赛车场激情落幕。此次大赛采取静态赛和动态赛相结合方式，静态项目包括：赛车设计、成本与制造分析、商业营销演讲。动态赛包括：直线加速、爬坡或牵引、操控性赛事、耐力和专项赛事。自开赛以来，集宁区草原巴哈赛场共注册车队 77 支，其中 30 支本科组、40 支职校组，以及 3 支高中车队和 4 支企业车队，现场参赛人员、裁判及嘉宾超过 2 500 人，比赛规模创历史新高（图 3-75 ～图 3-77）。

图 3-75　2017 中国汽车工程学会巴哈大赛乌兰察布站比赛现场

图 3-76　2017 中国汽车工程学会巴哈大赛
比赛中的选手

图 3-77　2017 中国汽车工程学会巴哈大赛
颁奖现场

（3）汽车运动市场的发展前景

中国汽车工业的发展也推动了汽车运动的发展，虽然汽车运动在中国发展的时间较短，但发展迅速，在短短二十年内，国内赛事已从仅有的寥寥几场拉力赛事丰富到每年 300 余场、配合电视及网络直播或转播的运动体系，并且国内关注人群依旧在逐年看涨。同时，越来越多的投资方进入该领域，从赛道建设角度来看，预计未来将落成更多高规格赛道，而围绕赛事开展的一系列的周边项目也在逐步扩张（图 3-78）。

图 3-78　上海国际赛车场

（4）车企在赛车领域的角色和机会

目前，越来越多的汽车厂商投入到了中国的汽车运动领域，尤其是中国房车锦标赛，已然成为全球房车赛事中参与汽车厂商最多的平台。大众、福特、北汽、起亚、本田、海马、现代、丰田等，形成了竞争最为激烈的赛事平台。而同样有中国汽车摩托车运动联合会大力支持的场地越野赛也汇集了诸多知名的越野车品牌。由于场地赛事贯穿全国各大经济区域，加上易于直播和推广，对于各大车企有一定的宣传效益，现场互动环节及商贸区展示，也成为了常规车展、公关活动外的又一项选择。

【任务小结】

1. 收集国内外赛车运动的资料，了解不同类型赛车运动的赛车类型、比赛制度以及主要赛事。

2. 收集国内赛车赛事现状及发展的相关资料，了解国内重要的赛车比赛和有关汽车企业。

3. 拓展阅读：赛车相关微信公众号、门户网站赛车频道、赛车论坛、专门赛车网站等最新赛车资讯。

链接　各类赛事网站

【课后练习】

详见智慧职教数字课程。

工学任务五　熟悉汽车影视

PPT　汽车影视

微课　汽车影视

【学习目标】

1. 素质目标

（1）爱国守法、崇德向善、诚实守信。

（2）爱岗敬业、积极进取、团结协作。

（3）热爱劳动、沟通流畅、勇于创新。

（4）精益求精、工匠精神、7S 管理。

2. 知识目标

（1）了解汽车影视的发展历程。

（2）熟悉相关影片的汽车文化。

（3）熟知汽车影视与汽车文化发展之间的关系。

3. 能力目标

（1）掌握通过网络收集汽车影视的相关信息，对汽车影视与汽车文化发展之间的关系进行分析总结的能力。

（2）增强对汽车影视文化的兴趣。

【任务导入】

　　从《汽车百年》第一部到第二部，背后始终站着两个商业品牌，第一部由奔驰赞助，第二部则由奥迪赞助。"但在前期准备的过程中，无论是找素材还是挑故事，我从未想过要首先侧重于合作品牌。"陈怡导演一再强调。

　　尽管品牌已经放下所谓的"身段"，但在宣传方面固有的"惯性思维"却依旧存在。在无数次的策划会上，双方对于内容的碰撞都异常激烈。例如在《汽车百年I》的开篇中，双方就遇到了内容创作上的分歧。关于"汽车的发明者"这个问题，作为赞助商的奔驰更希望可以在开篇中凸显自己在汽车史中的重要性，但陈怡认为"奔驰可以成为第一个设计汽车的品牌，是因为有着时代土壤的孕育。"最终奔驰认可了陈怡的想法，在纪录片的开篇部分，奔驰的相关内容只占据了整集的四分之一。也正是因为这种对内容的坚持和把控，才奠定和成就了《汽车百年》的高口碑和高质量。

　　"纪录片作为中立客观的存在，无论如何不可以成为一支超长广告片"，这也是陈怡始终坚持的观点。

　　　　　　　　　　——《〈汽车百年〉总导演陈怡：坚持最纯粹的纪录片创作》 搜狐网

学习感悟

【课堂活动】

以 4 ～ 6 人为一个小组，分组收集汽车影视的相关资料，讨论后填入工单中。

实　训　工　单

1. 资料收集	
目标影片的背景资料	
2. 分组讨论	
目标影片的相关汽车文化	
3. 资料拓展	
汽车影视与汽车文化发展之间的关系	

【相关知识】

1886 年 1 月 29 日，汽车诞生。从卡尔·本茨造出的世界上第一辆三轮汽车以 18 km/h 的速度跑到现在，诞生了百公里加速只需三秒钟多一点的超级跑车，这 100 多年，汽车发展的速度是如此惊人。

1895 年 12 月 28 日，电影诞生。从卢米埃尔兄弟第一次播放简单的"火车进站"的无声黑白小短片，到现在高清晰、充满高科技的彩色数字电影，这 100 多年，电影变化的脚步是如此神速。

汽车与电影都是人类 19 世纪最伟大的发明，二者都代表了人们对生活、梦想的渴望，这就注定了二者与生俱来的密切关系。时至今日，炫色汽车已经成为电影娱乐的重要元素，金属机器带来的速度美感在吸引着所有观众的目光。正如著名好莱坞影星威尔·史密斯所说的那样："惊险片中如果没有车战场景，上座率就不会很高，这几乎成为了惯例。"

1. 汽车电影

（1）《变形金刚》

《变形金刚》可以说是汽车产品和电影工业的一次经典合作。2007 ～ 2017 十年间，先后五部《变形金刚》上映，给观众带来震撼观影体验的同时，变形金刚也已经成为一种文化符号。时至今日，很多影迷仍然对电影《变形金刚》（图 3-79）念念不忘，特别是剧中"大黄蜂"的震撼表现，更给人们留下了深刻的印象。"大黄蜂"的原型——雪佛兰 Camaro 跑车（图 3-80）以自信睿智的本色成为人类最亲密的伙伴，

动画　变形金刚

不仅成为影片中当之无愧的"男一号"，更将雪佛兰"未来——为我而来"的品牌精神演绎得淋漓尽致，雪佛兰 Camaro 也一举成为美国最畅销的跑车之一。在《变形金刚》中，各种重载卡车、跑车、重型吉普，也同样在展示美国人对汽车的迷恋，无处不在地向世界宣扬美国的汽车文化。

图 3-79　《变形金刚》

图 3-80　雪佛兰 Camaro

动画　速度与激情

（2）《速度与激情》

《速度与激情》（图 3-81）是一部美国飙车题材的好莱坞大片。该片突出了美国的飙车文化，在影片中以车为载体突出了友谊、责任、信仰等主题。《速度与激情》系列也是商业汽车电影最成功的系列之一，每一部都受到了车迷的狂热追捧，日产 GTR、道奇挑战者（图 3-82）、福特 GT40、野马 GT、雪佛兰 SS……这一系列的肌肉车的速度与强大都被影片表现得酣畅淋漓。汽车是活力和动感的化身，特别能激起生命的激情，当你一脚油门踩下，看着专属指针不断攀升，感受着座椅巨大的推背力，聆听着发动机令人兴奋的声线和轮胎的嘶叫，谁不会为之震撼。也许这些高性能的精灵离我们很遥远，但影片让人们圆了速度与激情的梦想。

图 3-81　《速度与激情》

图 3-82　1970 年版道奇挑战者（Challenger）

动画　偷天换日

（3）《偷天换日》

《偷天换日》（图 3-83）主角车型是 Mini Cooper。该片是一部体现汽车作为广告元素与电影结合最经典的代表。在《偷天换日》中，导演让 Mini Cooper 的时尚、灵巧发挥到了极致。这部片子不如说是 Mini Cooper 定制片，能过 6 尺宽的走廊，能飞跃、漂移、高坡俯冲；红、白、蓝三种时尚颜色、美女驾驭；只要稍微改下除烟装置就能拉重物而且可以逃避飞机追踪、超级灵活……（图 3-84）。如果你欣赏过宝马 Mini Cooper 在《偷天换日》中的演出，你才会发现，汽车在电影中的经典和优雅究竟是怎样定义的。

图 3-83 《偷天换日》　　　　　　图 3-84 宝马 Mini cooper

（4）《头文字 D》

《头文字 D》原著是日本 1995 年连载的汽车主题漫画，在日本被称为国宝级漫画。原著漫画本身就已很成功，而在 2005 年香港拍摄的真人版《头文字 D》（图 3-85）更是引起轰动，汽车文化再一次点燃青年人群体的热血与激情，其中包括丰田 AE86（图 3-86）在内的各式名车也成为了当红流行座驾，同时，也展现了在日系跑车辉煌的八九十年代所带来的街头赛车文化和改装文化。《头文字 D》的赛车文化确确实实成就了一大批日系汽车走向世界，至今依然影响着亚洲乃至世界众多年轻人的拥车梦和赛车梦，甚至还带动了围绕着一大批品牌车型的改装产业的发展和壮大，这就是文化的力量！

动画 头文字 D

图 3-85 《头文字 D》　　　　　　图 3-86 丰田 AE86

动画　007系列

（5）"007"系列

著名系列电影"007"（图 3-87）已经诞生 50 多年，其中《金手指》则是 20 世纪中期商业主义电影的一次巅峰，阿斯顿·马丁 DB5（图 3-88）是 1964 年的"007"电影《金手指》中詹姆斯·邦德的座驾。电影中这辆神车前后车牌可翻动，变换三种地区牌号，后行李箱盖上可升起防弹挡板，前后保险杠上装有可伸出的撞车装置，前小灯后隐藏两挺机枪，藏在左后轮轴中那把伸缩的刀能将并排行驶的敌车轮胎割破，就连驾驶人左边的座椅，也可以在按动一个开关后飞弹出车外。从该片开始，英国著名汽车品牌阿斯顿·马丁与"007"系列电影走到一起，之后在《霹雳弹》《皇家赌场》《明日帝国》《黄金眼》中也有登场，成为电影文化领域和汽车文化领域的两大代表。

图 3-87　"007"系列　　　　　图 3-88　阿斯顿·马丁 DB5

2. 汽车动漫

（1）《汽车总动员》

2006 年好莱坞动画电影公司皮克斯为动画迷和车迷们带来了一部可爱有趣的原创动画电影《汽车总动员》（图 3-89），首次运用汽车当主角的噱头颇具新鲜感。该动画片一上映就引起了巨大反响，成为当年的票房黑马。一群会说话、能思考、爱搞笑的汽车，各式各样的品牌代表着独特的个性，车库是他们的家，加油站是他们的餐厅，汽车旅馆是他们旅行的歇脚处，构成了一个非常拟人化的汽车世界。这部动画出现的最著名的莫过于四款曾经驰骋赛场的经典车型：道奇蝰蛇、哈德逊大黄蜂、普利茅斯超级鸟和别克君威，《汽车总动员》也正是表现了美国浓厚的汽车文化。

动画　汽车总动员

（2）《高智能方程式赛车》

随着一系列汽车赛事、汽车文化的推动，诞生了越来越多记录当时日本汽车盛况的经典动漫作品。相信不少中国车迷对于赛车的"初接触"，来自日本的赛车主题动漫片《高智能方程式赛车》（图 3-90）。在这部动漫片中，帅气的风见隼人驾驶着超现实的方程式赛车"阿斯拉达"，勇斗包括修马赫（名字来源动漫连载期间刚出道的迈克尔·舒马赫）等一众好手，波澜曲折的剧情很容易就让人对"速度的较量"产生难以割舍的迷恋。

动画　高智能方程式赛车

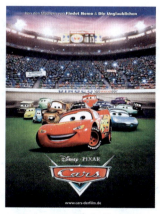

图 3-89　《汽车总动员》

图 3-90　《高智能方程式赛车》

3. 汽车节目与电视剧

（1）《汽车百年》

2011 年《汽车百年 I 》（图 3-91）问世，该片不仅是一部关于汽车的大型纪录片，更是一部厚重的人类社会进化史诗。该片是中国第一部以百年汽车完整发展史为线索，反映人类为理想而不断进取的十二集大型高清电视专题巨制。该片在摄制资金和人力投入、以及实拍的人物和文物，都创下了中国关于汽车专题片的新纪录。2016年底推出了续集《汽车百年 II 》，该片将关注汽车的第二个百年，深度剖析和描绘汽车与人类生活的未来图景，关注汽车产业给人类的生活带来的变化和影响。

（2）《Top Gear》

《Top Gear》（图 3-92）是英国 BBC 电视台出品的一档汽车节目，虽然是一个汽车节目，但它相对于平时我们在电视上看到的"汽车杂志"之类的广告或节目有着天堂与地狱之间的差别。思维跳跃的编导，好莱坞水平的专业摄影，匪夷所思的试车创意，还有那三个闻名世界的大嘴和一位从不说话的神秘试车手 The Stig。观看《Top Gear》，你不仅是在看一个单纯的汽车节目，很多时候更像是在欣赏一部令你热血沸腾的大制作电影。《Top Gear》可以说是延续了这个国家的汽车灵魂。

（3）《岁月风云》

《岁月风云》（图 3-93）这部以民族汽车工业为主干的大型电视连续剧讲述了一个家族四个家庭二代人恩怨情仇交织缠绵，最终通过发展民族汽车工业走到一起，齐心协力将中国汽车工业发扬光大，并屹立于世界之林的故事。其创作原型就是目前中国自主品牌汽车的领军者吉利汽车。

吉利汽车近十年的发展历程所凝聚的艰辛、拼搏、崛起是对中国民族精神的最真实写照。该剧主创表示吉利的发展过程正是中国汽车工业尤其是自主汽车工业正式起步、觉醒到有所成就的过程，吉利的发展经历非常符合剧中华氏汽车发展的轨迹。吉利所倡导的"造老百姓买得起的好车，让吉利汽车走遍全世界"的理念，也正是剧组想要向所有电视观众传达的理念。这部电视剧既在讲述一个家族历经聚散、共同奋斗创业、最后实现梦想的故事，其实也在讲述吉利发展的故事，这是我们中国自主品牌汽车自强不息的一个缩影。

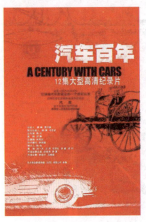

图3-91　《汽车百年Ⅰ》

图3-92　《Top Gear》

图3-93　《岁月风云》

4. 汽车影院

　　汽车与电影的结合，不仅仅是汽车作为电影中的道具和角色，汽车也在改变着人们观看电影的方式。汽车影院就是观众坐在各自的汽车里，通过调频收听和观看露天电影，它源于美国崇尚个人自由的汽车文化。1933年6月6日，美国新泽西州的Richard M. Hollingshead在自己家后院创办了世界上第一家汽车电影院，随后这种休闲娱乐方式随着汽车的普及风靡整个北美地区。

　　汽车影院的电影银幕采用全钢铸的大屏幕，观众坐在车内，在不同的位置都能看到清晰逼真、稳定的图像；声音是从汽车音响中发出来的。汽车影院作为汽车文化的一个标志，已出现在世界各地。

　　汽车和电影的结合，是商业的合作，也是艺术的联姻。同时，汽车影视作为展示汽车产品的重要平台，极大地满足了人们对未来汽车发展方向和未来汽车功能的要求，对推动汽车行业的发展有极大的促进作用。

【任务小结】

1. 收集汽车影视的相关资料，了解相关影片的汽车文化。
2. 收集汽车影视的相关资料，熟知汽车影视对汽车文化发展的作用。
3. 拓展阅读。中国汽车报网，汽车爱好者网，中国汽车导报，汽车维修与保养。

【课后练习】

详见智慧职教数字课程。

链接　各类报纸杂志网站

项目四 汽车选购

工学任务一 掌握车辆的选择

【学习目标】

1. 素质目标

（1）爱国守法、崇德向善、诚实守信。

（2）爱岗敬业、积极进取、团结协作。

（3）热爱劳动、沟通流畅、勇于创新。

（4）精益求精、工匠精神、7S 管理。

2. 知识目标

（1）掌握汽车选购的原则。

（2）熟悉汽车选购过程中汽车性能和配置的比较。

（3）掌握汽车颜色的选择。

（4）熟悉汽车售后服务的比较。

（5）掌握新车验收检查项目。

3. 能力目标

（1）掌握针对不同客户要求选购车辆的能力。

（2）能够对比多款车型进行选购。

（3）掌握对新车进行验车检查等项目的能力。

PPT 车辆的选择

微课 车辆的选择

【任务导入】

买车是再正常不过的事情，但是买完车就后悔的人也是非常多的，原因五花八门，有的后悔车没买对，有的后悔超预算等，这是为什么？

盲目跟风购车

很多人买车都是看别人都买了啥车，结果买回来之后大失所望。车卖得好不好，跟车本身的质量性能有关，但大部分与厂家的宣传及 4S 店推出的活动有关。部分车型上市前被各种吹捧，上市一段时间后，销量就突然停滞不前。所以，那些叫好不叫座的车，也并不是表里不一。

超过 80% 买车的人都会向别人询问买车的事儿……

——《购车技巧：如何选购一辆适合自己的车子》 车质网

学习感悟

【课堂活动】

以 4～6 人为一个小组，分组选择一款车型进行资料收集，并对于资料进行讨论分析，讨论后填入工单中。

实 训 工 单

1. 资料收集	
目标车辆基本信息	
2. 分组讨论	
目标车辆的特点	
目标车辆对应的客户群体特点及需求	
3. 资料拓展	
购买车辆你会从哪些角度进行选择？	

【相关知识】

1. 汽车选购原则

① 实用性原则。主要是考虑使用对象及要求，如自用或他用、货运或客运、大批量运输或零散运输、市内使用或城市间使用等。一般来说，对于批量大、运距长的货物，用大吨位车辆；对于一些专门性的运输，要考虑使用专用车辆；对于客运、短途时为求方便快捷，用中小型车辆；长途时则用高速、舒适性好的车辆。

② 安全性原则。安全性对于运输生产来说是极为重要的，除了要保证符合国家规定的安全法规外，还要对车辆的使用性能有全面的了解，因为操作方便性、使用可靠性都对安全有明显的影响。

③ 经济原则。选用的车辆在使用中的各项费用较低。

④ 高效原则。购买货运或客运汽车，则要考虑影响汽车运输生产率的诸多要素，如载重、平均技术速度、装卸条件等。

2. 汽车性能的选择

（1）动力性

汽车的动力性指标主要由最高车速、加速能力和最大爬坡度来表示，是汽车使用性能中最基本和最重要的性能。在我国，这些指标是汽车制造厂根据国家规定的试验标准，通过样车测试得出来的（图 4-1）。

熏黑效果　　　代表涡轮增压　　小尾翼
的尾灯罩　　　的 T 标识

图 4-1　雪佛兰车尾尾标动力性能

（2）燃油经济性

汽车的经济性指标主要由耗油量来表示，是汽车使用性能中重要的性能。耗油量参数是指汽车行驶每百公里消耗的燃油量，单位为 L/100km。在我国这些指标是汽车制造厂根据国家规定的试验标准，通过样车测试得出来的。它包括等速百公里油耗和循环油耗。燃油续航里程显示，如图 4-2 所示。

等速百公里油耗指在平坦硬实的路面上，汽车以最高挡分别以不同车速等速行驶这段路程，往返一次取平均值，记录下油耗量，即可获得不同车速下汽车的百公里耗油量。将每个车速段的耗油量用点连起来，就会发现是一条开口向上的抛物线，最凹点就是耗油量最低的车速段，也就是"经济车速"。

循环油耗指在一段指定的典型路段内汽车以等速、加速和减速等三种工况行驶时的耗油量。有些还要计入起动和怠速等工况的耗油量，然后折算成百公里耗油量。一般而言，循环油耗与等速百公里油耗（指定车速）加权平均取得综合油耗值，就比较客观地反映了汽车的耗油量。

3. 汽车配置的选择

（1）安全性配置

安全性配置一般是指提高车辆安全性能的装备，分为主动安全性配置和被动安全性配置两种。主动安全性配置，简单地说就是那些可以防患于未然的安全装置，现在 10 万元左右家用轿车上普遍装备的 ABS 和 EBD 都是属于主动安全性配置。车辆级别越高，主动安全性配置也越丰富，这些配置往往也是厂家市场宣传的卖点，如宝来的 ASR（驱动防滑系统），速腾、凯旋的 ESP（电子稳定程序）等。

所谓的被动安全装置，则是指车子发生意外后，对乘坐人员或车本身起被动保护作用的装置，如安全带、安全气囊（图 4-3）、安全转向柱、车轮防盗螺栓、发动机防盗系统等。

视频　汽车安全气囊

图 4-2　燃油续航里程显示

图 4-3　安全气囊

视频　电动遮
阳帘演示

（2）舒适性配置

舒适性配置，顾名思义，是指提高驾乘者舒适性的装备，常见的舒适性配置有天窗、车载影音娱乐系统、空调、座椅加热、冷藏箱、巡航定速、中央扶手、电动腰部支撑、灰尘花粉过滤器等。

（3）便利性配置

便利性配置是指简化操作程序，减少操作动作或降低操作难度的装备。常见的便利性配置包括：卫星导航系统、自动雨刮控制器（图 4-4）、智能全自动空调、遥控中央门锁、动力转向系统、电动调节座椅、电动遮阳帘、可折叠后座椅、后备厢及车门遥控开启装置、语音提示等。

配置高表明汽车的功能齐全，能更全面地满足车主的需求。实际上，配置的高低完全取决于个人的喜好，但汽车的基本配置却是必不可少的。如安全性方面，要有 ABS、安全气囊与完善的制动系统，以确保行车过程中的安全；在操作舒适性方面，则依据车主自己的习惯而定，但有些配置在提供了便利性的同时，却牺牲了耐用性，比如自动空调使用方便，但使用寿命比不上手动空调。另外，有些厂家为增强车的功能性，装有倒车雷达（图 4-5）、前障碍物雷达，但它们只起到提示作用，并不能真正起到避免碰撞的作用，因此，可根据自身需求进行选择。

图 4-4　自动雨刮控制器

图 4-5　倒车雷达

4. 汽车颜色选择

人们的视觉之所以能感知自然界中的物体，都得益于阳光笼罩万物，使各种物体呈现出不同的色泽，人们就是根据不同表面的不同色泽感知物体。在汽车颜色方面，

"非彩色"色系包括了白色、黑色和灰色，这是汽车的主流色，"非彩色"色系在现在和未来仍然保持优势。红色、黄色是消防车和抢险车的颜色，在其他车辆上用这些颜色是受限制的。但现在国内任何一座城市，汽车的颜色可谓五花八门，这充分反映了汽车颜色的变迁和当今车主日益张扬的个性。

（1）汽车颜色的含义

① 银灰色。从光学角度看，银灰色介于白色和黑色之间，对眼睛的刺激适中，既不刺眼也不暗淡。看见银灰色会让人联想到金属材料，这种颜色给人感觉整体感很强，最能反映汽车本质。在汽车销售时，每一品牌之中，银灰色汽车最具人气。如大众 Polo、日产天籁、奥迪 A6 等，银灰色汽车（图 4-6）的销售一直名列前茅。

② 白色。白色是由全部可见光均匀混合而成，为全色光，白色给人以明快、活泼、大方的感觉，白色更有纯净、素雅的色彩含义。日常使用中，白色车（图 4-7）身较耐脏，路上泥浆或污物溅上后不易看出。另外，白色是膨胀色，容易使小车显大。日本车在 20 世纪 80 年代，有白色代表高级的说法，白色车的销售量曾经占到总销量的 70%。另外，白色车相对中性，对性别要求不高。

图 4-6　银灰色轿车

图 4-7　白色汽车

③ 黑色。黑色是无彩之色，黑色反射光的能力弱。黑色是一种矛盾的颜色，既代表保守和自尊，又代表新潮和性感，给人以庄重、尊贵和严肃的感觉。黑色也是中间色，容易与外界环境相吻合。但黑色汽车（图 4-8）车身反而不耐脏，有一点灰尘就能看出来。黑色一直是公务车最受青睐的颜色，高档车黑色气派十足，但低档车最好不要选用黑色，除非标新立异。

④ 红色。可见光谱中，红色波长最长，容易引起人们的注意。红色包括大红、枣红，给人以兴奋、激动、紧张的感觉，但是红色容易刺激眼睛，使人的视觉产生疲劳。红色是放大色，同样可使小车显大。红色是别致又理想的颜色，跑车或运动型车非常适合（图 4-9）。

图 4-8　黑色轿车

图 4-9　红色轿车

⑤ 蓝色。蓝色是安静的色调，给人感觉非常收敛，个性不张扬，如同地球的深邃和大海的包容。如果你选择高尔夫，蓝色是最能体现其内涵的颜色，但蓝色不耐脏（如图 4-10）。

⑥ 黄色。黄色给人以欢快、温暖、活泼的感觉。黄色是扩大色，在环境视野中很显眼，跑车选用黄色非常适合（图 4-11），小型车用黄色也非常适合。出租车和工程抢险车一般用黄色，一是便于管理，二是便于人们早早地发现。香槟色是黄色派生出来的金属漆颜色，现在十分流行。

图 4-10 蓝色轿车

图 4-11 黄色轿车

⑦ 绿色。绿色浅且颜色鲜艳，绿色有较好的可视性，这是大自然中森林的色彩，也是春天的色彩，以温暖的面貌出现（图 4-12）。

图 4-12 绿色轿车

（2）颜色与安全

安全行车与汽车色彩有一定的关系。在心理学上，人们将深蓝色和深绿色叫做收缩色或后褪色，看起来比实际小。将黄色、红色叫做膨胀色或进攻色，看起来比实际大，且不论远近都很显眼。如果有红色、蓝色、黄色、绿色四部车与观察者保持相同的距离，看上去红色车和黄色车要离观察者近一些，而蓝色和绿色的轿车看上去离观察者较远。发生事故的轿车中，蓝色和绿色的最多，黄色的最少。银灰色车子不但看上去有品位，而且遭遇车祸的概率也比其他颜色的车子低得多，银灰色是浅颜色中最能避免车祸的，特别是在晚上，因为这种颜色可以反射灯光，更容易令其他驾驶人员注意到。由此可见汽车颜色和安全有一定的联系（图 4-13）。

图 4-13　汽车颜色与行车安全

20 世纪 50 年代，日本汽车多为深蓝色或深绿色，傍晚和下雨天难以被对面汽车发现，常发生撞车事故，但在汽车色彩改为黄色的地区，交通事故明显地减少了。

在美国，有人曾调查了 2 408 辆出事故的汽车，结果显示：蓝色和绿色居首，分别为 25％和 20％；黄色最低，仅为 2％。据此，美国的中型汽车就减少了（蓝色和绿色。由此可见，从安全的角度考虑，汽车的色彩最好选择黄色或红色，白色、银灰色也是较佳的选择。

汽车内饰的颜色选择也同样影响着行车安全，因为不同的颜色选取对驾驶人的情绪具有一定的影响。内饰采用明快的配色，能给人以宽敞、舒适的感觉。夏天最好采用冷色，冬天最好采用暖色，这样可以调节冷暖感觉。暗色给人以重的感觉，明色给人以轻的感觉。红色内饰容易引起视觉疲劳，浅绿色内饰可放松视觉神经，利用不同颜色的座椅布套调节车内颜色，花钱不多，但效果显著。

5. 汽车售后服务选择

车辆购买后的售后服务是购车需要考虑的一个非常重要的环节，车辆在购置后的保养和维护要延续几年到十几年，良好快捷的售后服务会带来很多的便利。汽车售后服务主要包括六大部分：技术咨询、维修养护、故障救援、保险理赔、售后服务质量追踪与信息反馈、纠纷处理等。对于车辆本身来说，售后服务中的维修服务和保修期是比较重要的指标。

（1）比较维修服务

对比售后服务，一是要了解所在区域所购买的汽车专业维修点，维修点多，说明厂家重视售后服务，同时我们可以选择的余地比较大；二是要看这些专业维修点的维修水平、服务态度、价格标准。

（2）比较汽车的保修期

汽车在保修期内，只要不是车主的人为因素，厂家负责免费维修（图4-14）。保修期分保修年数和行驶里程数两种。对于出租车、营运车而言，一年可能跑十几万km，其当然是着眼在保修的里程数上，保修期一年10万km对于他们非常有利。而对私家车而言，使用一年也就是2万km左右，那么选择5年10万km则是实实在在的。这些都可以作为选车时的一个考虑因素。

图4-14　汽车维修

随着销售业务的竞争越来越激烈，销售的利润已经越来越单薄，这时各个厂家、4S店的竞争重点已经转移到了售后服务内容、售后服务质量的竞争。因此，顾客在准备购车时还应该从售后服务站的规模、设备、服务态度以及后续的维修保养、维修费用各方面进行综合分析。

6. 新车验收

（1）购车资料的核对

① 购车发票。购车发票是购车最重要的证明，同时也是汽车上户时的凭证之一，所以在购车时务必向经销商索要购车发票，并要确认其有效性（图4-15）。

② 车辆合格证。车辆合格证是汽车另一个重要的凭证，也是汽车上户时必备的证件。只有具有合格证的汽车才符合国家对机动车装备质量及有关标准的要求（图4-15）。

③ 三包服务卡。根据有关规定，汽车在一定时间和行驶里程内，若因制造质量问题导致的故障或损坏，凭三包服务卡可以享受厂家的无偿服务。不过像灯泡、橡胶等汽车易损件不包括在内（图4-15）。

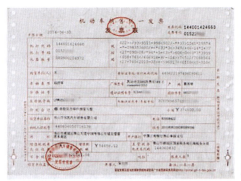

图 4-15　购车资料的核对（1）

④ 车辆使用说明书。用户必须按照车辆使用说明书的要求合理使用车辆。若不按使用说明书的要求使用而造成的车辆损害，厂家不负责三包。使用说明书同时注明了车辆的主要技术参数和维护调校所必需的技术数据，是修车时的参照文本（图 4-16）。

⑤ 其他文件或附件。有些车辆发动机有单独的使用说明书，有些车辆的某些选装设备有专门的要求或规定，这时消费者都要向经销商索要有关凭证。

⑥ 核对铭牌。核对铭牌上的排气量、出厂年月、车架号、发动机号等内容，合格证上的号码必须要与车上的发动机号、车架号一致（图 4-16）。

图 4-16　购车资料的核对（2）

以上部分的各项单据、凭证、资料必须认真检查，如果发现有任何的遗漏、错误都必须要求销售商立刻解决，否则将影响您上牌照、日后的保修等内容。对于规模较大的 4S 经销商而言，理论上以上各项资料不会有问题，但对于那些不是非常正规的经销商而言，请您务必仔细检查，以免由于文字或者其他方面的原因使您掉进车商的陷阱。

（2）起动前的车外检查

① 车身平整度检查。车身钢板、保险杠的平整度，不应该出现不正常的凹陷、凸起。车体装饰线应平直，过渡圆滑，接口处缝隙一致。

② 车身漆面检查。顺光、逆光仔细察看各处漆面，尤其是一些容易在运输过程中

动画　新车验收——起动前车外检查

被剐蹭的部位。车表面颜色应该协调、均匀、饱满、平整和光滑，无针孔、麻点、皱皮、鼓泡、流痕和划痕等现象，异色边界应分色清晰，同时还应该确认没有经过补漆。

③ 车窗玻璃检查。确认玻璃有无损伤和划痕，重点检查前风窗玻璃的视觉效果。前风窗玻璃必须具有良好的透光性，不能出现气泡、折射率等异常区域。

车辆起动前的车外检查，如图 4-17 所示。

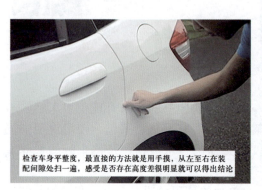

图 4-17　起动前的车外检查

④ 车身装配检查（图 4-18）。前机器盖、后备厢盖、车门、油箱盖、大灯、尾灯等处的缝隙是否均匀，同邻近位置的车身是否处于同一平面，有无错位等现象。检查各处开启、关闭时是否顺畅，声音是否正常，可以适当多开关几次。此时，一并检查各处密封条是否完好、均匀、平整，各门把手或开关是否方便、可靠。

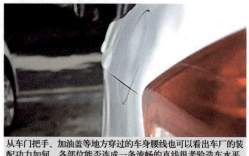

图 4-18　车身装配检查

⑤ 轮胎检查（图4-19）。检查备胎与其他4个轮胎规格和花纹等是否相同。查看轮胎是否完好，有无磨损，有无裂痕、起泡现象。查看轮毂是否干净、完美，有无凹陷、划痕。还应该询问或者实测胎压，保证轮胎处于正常胎压且四轮气压一致。轮胎气压符合要求时，在车前观看车身、保险杠等对称部位，其离地高度应一致。此时，还应该从侧面推、拉轮胎上侧，感觉不松垮。如果是盘式制动器，还应该检查制动盘是否完好，不应有明显磨损和污物。减振检查：用手按压汽车前后左右4个角，松手后跳动不多于2次，表示减振器性能良好。

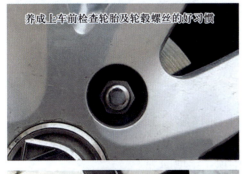
养成上车前检查轮胎及轮毂螺丝的好习惯

小贴士：很多4S店为了满足长时间存放车辆的需要，有时都会将胎压打的很高，但是这样对行驶来说是不利的，一般轮胎压力是在2.2~2.5kg/cm²之间

轮胎受挤压
胎侧帘子线易断裂
最终形成鼓包

图4-19　轮胎检查

⑥ 行李舱。检查行李舱（图4-20）空间是否干净、内侧衬板是否平整，如果是遥控开启或是车内开启方式的，应该多检查一下开启是否顺利，锁是否可用。一般都会把灭火器、随车工具、备胎放在车内，通常由衬板进行隔离，应该注意检查，看看是否齐全，固定是否可靠。

⑦ 发动机舱。打开发动机罩，查看发动机及附件有无油污、灰尘，尤其是缸盖与缸体接合处、机油滤清器接口处、空调压缩机、转向助力泵、传动轴等结合缝隙处有无渗漏。检查各种液面（冷却液、发动机机油、制动液、转向助力液、电解液、制冷剂、玻璃水等）是否处于最高和最低刻度之间的正常值范围内。检查蓄电池线是否已经进行固定，不能松动，否则将影响电路的可靠性。

⑧ 底盘部分检查（图4-21）。汽车有无（冷却液、润滑液、制动液、电解液及制冷液、油路）泄漏现象。此时，一并检查机器各部位是否有漏油现象。如果发生泄漏，从车辆长时间停放的地面上、底盘上的一些管路和凸起处可以看到渗漏、油渍的痕迹。如果条件允许的话，到车底下看看底盘是否有刮碰伤痕，管路是否有明显不合理的地方。

图 4-20　行李舱

图 4-21　底盘部分检查

（3）起动前的车内检查

起动前的车内检查，如图 4-22 所示。

① 洁净程度。检查车内各处的洁净程度，应该没有任何脏东西，尤其是角落等处，如果比较脏则可能是别人挑剩下的或者有问题调整过的车。同时应该检查所有饰面是否含有破损的地方，如中控台、座椅、车顶、车地面等。

② 座椅表面应清洁、完好，乘坐时应该基本舒适，不应该感觉到座椅内有异物影响乘坐。如果座椅可以进行多方向调节，应该进行调整测试，必须能够达到各个方向的限位点，且调整过程能够保持平顺、无异响。如果后座可以进行折叠，应该检查折叠的效果。如果座椅可以放倒一定角度，应该进行角度方面的调整测试。如果头枕可调也应该调整检查。

动画　新车验收——起动前车内检查

图 4-22　起动前的车内检查

③ 中控台。检查中控各部分是否完整、按键是否可用（车还没有点火，基本上可以随便按），之所以建议大家在点火前对各个按键进行测试，主要是大部分车在没有点火前按键还没有起作用，不用担心按错键而影响到功能。在汽车点火后，请大家不要随便乱动不知用途的按键，务必在熟读说明书后再对这些功能键进行功能试验。检查中控台表面是否整洁，不应该有划痕和污迹。带有遮阳板、化妆镜的可以一并检查。对于车内其他按键也一并在点火前进行初步检查，如中控门锁、窗、后排空调开关、转向盘上的转向、灯光等。

④ 储物空间。检查车内每一个储物空间的整洁度和开启、锁闭的可靠性。目前车内储物空间很多，尽量不要遗漏，如中控台部分的多个储物盒、车门、座椅下面和后面、前后中央扶手等。

⑤ 安全带（图4-23）。仔细检查每一条安全带拉开、自动回收、锁止的可靠性，应该平稳顺畅。模拟并检查安全带在发生作用时的可靠性，就是用手特别迅速地拉动安全带。如果是高低可调的安全带，还应该进行调整测试。

注意：目前轿车更多地采用了电动调节方式，很多功能在没有点火前无法测试（例如电动调节座椅、车、后视镜）。同时，绝大部分轿车已经开始采用电子油门、转向助力、辅助刹车，在点火前这些助力都没有打开，所以如果遇到打不动方向等问题请不要使用蛮力。

（4）起动后的静止检查

① 发动机。起动发动机，在冷起动时注意转速表指针的变化。正常情况下指针应打到1 200 r/min左右，然后正常平顺的滑落至800 r/min。观察各种仪表及报警装置工作是否正常，当水温和机油压力正常时，要通过对发动机的声音和反应进行检查，首先听怠速的声音，应该是平稳而且连续的，不应该有金属敲击声和其他异响。

动画　新车验收——起动后的静止检查

下车观察排气管排气是否正常，将手伸到排气口感觉一下排气是否连续，正常的应该使掌心有点潮湿但不应有机油味，然后听一听慢加油的发动机声音是否连续和有无异响，最后听急加速的声音和发动机对加速踏板的反应是否准确和迅速，还要注意慢收油和快收油时发动机的反应是否干净，如有滞后或者高速哨声，应该是有问题。观察放松加速踏板怠速是否稳定；原地静止时，发动机转速达到3 500 r/min是否会有不同的轰鸣声。踩加速踏板使发动机转数达到满刻度的2/3，让有经验的人在外听声是否有杂音及共振，确认共振区的大小，当然该区是越小越好。

② 仪表盘。检查仪表盘（图4-24）是否清楚、各指示灯及转速、速度、油表、水温表、里程表、时钟、电压表等是否正常。有一些自检灯只在起动时闪几下，起动时请留意。通常有ABS、制动、车门开启提示、机油警示、制动片过薄警示、水温异常、油温异常、未系安全带、灯光、转向等多个指示灯，而其中大部分正常行驶时应该是不亮的，一般当有红色警示灯亮时就应该多注意了。应该注意里程表，对于新车而言，行驶里程应该越少越好（场内移动过程中也会行驶一部分里程）。对于带有行车电脑的，还应该逐项检查行车电脑显示是否正常、稳定、可靠。

图4-23　安全带检查

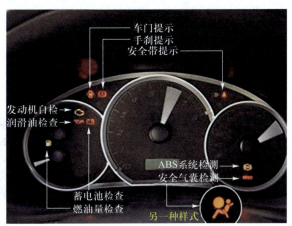

图4-24　仪表盘检查

③ 转向盘。将车辆停放在平坦路面上，左右转动转向盘，从中间位置向左或向右时，转向盘游动间隙不应该超过15°。如果是带助力的车，最好在起动发动机后做检查，也就是常见的"原地打轮"。可以用两手握住转向盘，上下左右摇动，此时应没有松旷之感；如果很松，就需要调整转向轴承、横拉杆、直拉杆等。在路试时做几次转弯测试，检查在转动转向盘时是否有沉重感。如果有，则可能是横拉杆、前车轴、车架弯曲变形，以及转向节轴承缺油等。如果在路试时，发现前轮摆动、转向盘抖动（即"摆震""转向盘打摆"）。最有可能是转向系的轴承过松、横拉杆球头磨损松旷、轮毂轴承松旷、车架变形或者是前束过大造成的。

④ 变速器。首先检查变速器油，通常油尺把手为黄色的是发动机油尺，红色的为变速器油尺，也有部分车辆为蓝色或其他颜色。还可以路试检测变速器的操作效果。第一步：推，主要检查换挡是否顺畅，行驶中，挡杆有无异常抖动，如果换挡时感觉很难挂入挡位，就算是用力推入后都有很强的顿挫感，还伴有齿轮的撞击声，那很有可能是变速器的同步变速装置有损坏；第二步：听，如果换挡顺畅，但入挡后有刺耳的怪声，很可能是齿轮轴承坏了。变速器检查如图4-25所示。

图 4-25　变速器检查

⑤ 制动、离合、加速。在引擎不熄火（保持空挡）的条件下，制动、离合踏板应该脚感舒适、软硬适中，自由行程不应过长，无异响异动。离合器踏板，应感觉轻松自如。加速踏板不应有犯卡、沉重、不回位的现象。

⑥ 车门。合格车门应该开关用力均匀，无异响。密闭橡胶完好，关门可以感觉到明显的密闭效果。注意检查儿童锁是否管用。

⑦ 后视镜、车窗、天窗。检查玻璃是否能顺利滑动，滑动的过程中有没有阻力。一般情况下玻璃的污损也会成为阻力，应保持车窗的洁净。可以用较细的滑石粉清洁，可延长密封圈的使用寿命，天窗移动部分由低保养材料制成，应使用机油或润滑剂清洗机械部分。后视镜、车窗、天窗检查如图4-26所示。

图 4-26　后视镜、车窗、天窗检查

⑧ 灯光。注意倒车灯是否会常亮，要加长时间测试转向灯，看是否有时候打了一直亮着，却不闪。

⑨ 雨刷系统。新车喷水洗窗，应该有股酒精味儿，原厂的洗窗液都添加了防冻成分。雨刷扫过玻璃时，应该基本上没有刮玻璃的噪音，且扫水方面没有遗漏。

⑩ 空调。打开 AC 开关、风量开关，观察是否有效果。进行冷热调节功能开关（热度、冷度）测试。在试驾时关闭空调，同时选择内循环，检查各风口是否有热气漏进来。如果有，则说明内循环系统存在问题。检查室内、室外通气开关有无动作及出风口是否起作用。

⑪ 音响影音系统。检查音响的音量能否调节，音响的音质是否合格，有无噪声。打开车载收音机检查能否选台，天线是否存在问题。检查显示器是否完好等。

（5）行驶中的检查

① 起步。起步过程应该平稳，车身或方向盘都应该无抖动现象，发动机、变速箱等处没有异响。注意起步前进的时候是否有尖叫声。

② 慢速行驶。在销售人员的陪同下，将车开到比较宽阔的地方慢速行驶，感觉有无异常现象，换挡是否平顺，转向是否灵敏，行驶中车身有无异响等。

③ 加速。加速时（新车不要急加速），发动机转速过渡应平稳，且无断火、回火和放炮现象，仪表盘相应的指针反应灵敏。

④ 正常行驶。以不同车速行使过程中整车均应平稳，车内无明显噪音（最高时速较低的小排量车可能会在速度较高的情况下出现较大噪音）。仪表盘相应指针应平稳，无明显波动。注意在行驶的时候车身是否会发出咯吱咯吱的响声，好像沙发质量很差的那种声音。行驶时关闭空调，选择内循环，检查各风口是否有热气漏进来。

⑤ 转向。转向可以在行驶中测试是否反映准确，要测试最小半径调头，听听是否有摩擦的声音，并检查左右的转向角，一般左右转向角是不一样的，助力转向打到最大转向角后应该回一点，避免长时间打开助力泵最大角造成助力泵烧毁。行驶中转向机构应操纵灵活，做"○"形行驶，检查转弯半径，当车轮转到极限位置时，不应与其他部位有干涉现象。做"S"形行驶，检查转弯的灵活性。行驶中遇凹凸不平或碾过石子时，轮胎产生跳动后应有自动回位的效能。以 20 ～ 30 km/h 的速度直行时，手暂时离开转向盘，不应该出现跑偏、侧滑等现象。

⑥ 制动。低速制动时应该柔和并且平稳，车身无点头现象。高速制动时应该灵敏、迅速、不跑偏、不侧滑，制动距离符合出厂规定。对于新车不宜紧急制动，所以不建议对 ABS 系统进行测试。可以在有一定坡度的地面上，检查驻车装置（主要是驻车制动）是否有效、可靠。

⑦ 滑行。速度为 30 km/h 时挂空挡，滑行距离应在 160 m 以上（滑行距离与汽车的装配工艺、自重、轮胎、路况等有关）。一般滑行距离越长，说明车的各种内部摩擦损耗越小，行驶过程中越省油。对于电喷轿车不建议采用空挡滑行，因为在带挡情况下自由减速时发动机起制动作用，会自动停止喷油；而在空挡滑行时发动机处于怠速状态，反而要耗油。

⑧ 泊车。停车入位时要充分感受后视镜、倒车雷达等效果，转向系统应该准确、到位。

动画　新车验收——行驶中的检查

（6）行驶后的检查

① 尾气。观察车后排气管排出的废气，应无烟（环境气温低时的蒸气除外）、无味（将手放在排气口附近片刻，然后观看手上有无油迹），再摸排气管口是否很黑，很少的黑说明点火和排放很好。

动画 新车验收——行驶后的检查

② 锁车。熄火后，散热风扇可能还会继续运转一段时间，其他部分应该已经停止运转。拔出钥匙后所有电器应该处于可靠断电状态，且转向盘方向被锁住。

③ 轮胎。检查轮胎是否出现异常磨损现象，温度是否过高。

④ 泄漏。待发动机基本冷却后，打开发动机舱盖，复查是否有螺栓松动、漏油、漏水、漏电等问题，还应该检查汽车底部前后减振器、制动泵、变速器等处有无漏油现象。

一般来说，以上几项内容不应该有问题。还应当仔细对照说明书对之前有遗漏的地方进行补查，针对整个驾驶过程中感觉到存在疑点的地方进行复查。总之，最好一个遗憾都不要留下，把所有能够检查的地方都检查一遍。

（7）最后复查

① 基本配置。按汽车配置表逐项确认，看有无缺少配置，或者相同配置的情况下，有无搞错对应的型号。

② 随车附件。随车工具（轮胎扳手、千斤顶等）、脚垫、坐垫等。

③ 防盗系统。针对原车防盗的功能，进行非破坏性的非法进入、振动等方面的测试，检查防盗系统是否可靠。

④ 遥控功能。如带有遥控功能，还应该检测遥控是否正常、可靠及遥控的灵敏度。锁好车门，用钥匙试试锁车、寻车功能。

⑤ 钥匙。检查每把钥匙对每把车锁（正副驾驶侧、后备箱、油箱盖等）的开启和锁止的可靠性。

【任务小结】

1. 针对不同客户需求提供购车建议。
2. 从性能、配置、色彩和售后服务等方面对比多款车型进行选购。
3. 对新车进行验车检查等项目。
4. 拓展阅读。汽车相关微信公众号、门户网站汽车频道、汽车论坛、专门汽车网站等最新汽车资讯。

【课后练习】

详见智慧职教数字课程。

工学任务二　熟悉汽车保险的选择

【学习目标】

1. 素质目标

（1）爱国守法、崇德向善、诚实守信。

（2）爱岗敬业、积极进取、团结协作。

（3）热爱劳动、沟通流畅、勇于创新。

（4）精益求精、工匠精神、7S 管理。

2. 知识目标

（1）掌握汽车保险的定义和基础知识。

（2）熟悉汽车保险的种类。

（3）掌握汽车保险方案选择。

（4）掌握汽车保险理赔流程。

3. 能力目标

（1）能够解释汽车保险相关术语。

（2）能够选择合适的汽车保险投保方案。

（3）能够掌握汽车保险理赔业务流程。

PPT　汽车保险的选择

微课　汽车保险的选择

【任务导入】

　　标的（我方保险的车辆）在国道超车占道，导致三者大巴车躲闪不及，翻下路边，导致大巴车受损，大巴车 6 人轻伤。该案交警处理我方标的全部责任，后经报案我司，该车仅仅投保交强险，交强险物损限额 2 000 元，医药费限额 10 000 元，死亡伤残 110 000 元（所有费用均为单次事故限额，非累计），后来处理结案时，发现大巴车实际维修费用为 8 万元左右，人伤医药费及误工费等均在交强险限额内，所以标的需自行承担 7.8 万元。

　　　　　　　　　　　　　　　　　——《汽车不买商业险，后果很严重》

学习感悟

【课堂活动】

　　以 4～6 人为一个小组，分组设计一种汽车使用情形，并搜集对该情形的汽车适用的保险种类，讨论后填入工单中。

实 训 工 单

1. 资料收集	
车辆使用情形	
2. 分组讨论	
该使用情形下车辆可能面临的风险	
该使用情形下为了管理风险可以选择哪些汽车保险险种？	
3. 资料拓展	
如果不买汽车保险会有什么后果？	

【相关知识】

1. 汽车保险的定义和基础知识

（1）汽车保险的定义

汽车保险是财产保险中的一种，也被称为机动车辆保险，是以汽车（包括电车、电动车、摩托车、拖拉机等各种专用的机械车、特种车）本身及与其相关的各种利益和责任为保险标的的一种不定值财产保险。它属于财产险中的运输工具保险中的一种。汽车保险是伴随着汽车的出现和普及而产生和发展的。

（2）汽车保险基础知识

① 汽车保险相关角色

a. 保险人是指与投保人订立保险合同，并承担赔偿或者给付保险金责任的保险公司。

b. 投保人是指与保险人订立保险合同，并按照保险合同负有支付保险费义务的人。一般为机动车的所有人、管理人和使用人。

c. 被保险人是指其财产或者人身受保险合同保障，享有保险金请求权的人。

② 汽车保险基本术语

a. 保险标的是保险所要保障的对象。如财产保险中的保险标的是各种财产本身或其有关的利益或责任；人身保险中的保险标的是人的身体、生命等。

b. 保险责任是保险公司承担赔偿或者给付保险金责任的项目。实际上是保险人承担经济补偿责任的依据和范围，同时也是被保险人要求赔偿的依据和范围。

c. 责任限额是指在责任保险中，保险人承担赔偿保险金责任的最高限额。交强险条款中的责任限额是指被保险机动车发生交通事故，保险人对每次保险事故所有受害人的人身伤亡、医疗费用和财产损失所分别承担的最高赔偿金额。

d. 责任免除又称除外责任，指根据法律规定或合同约定，保险人对某些风险造成的损失补偿不承担赔偿保险金的责任。

e. 保险期限是保险人和投保人约定的保险责任的有效期限。车险的保险期限通常是一年。

2. 汽车保险的种类

（1）机动车交通事故责任强制保险（交强险）

① 定义。机动车交通事故责任强制保险简称交强险。交强险是由保险公司对被保险机动车发生道路交通事故造成受害人（不包括本车人员和被保险人）的人身伤亡、财产损失，在责任限额内予以赔偿的强制性责任保险。

② 特征

a. 交强险是一种强制责任保险。交强险是车辆上路行驶的"通行证"，强制承保，不能拒保。强制性责任保险是指依照国家法律的规定，投保人（被保险人）必须向保险人投保而成立的责任保险。保险合同的重要内容如保障损失范围、责任限额、保险期限、保险费率等均由国家法律统一规定。一般车主购买完交强险，保险公司出单员会打印一张交强险标志和交强险保单给客户。交强险标志（图4-27）上面标明是哪一年的交强险。

图4-27 交强险标志（中间）

b. 交强险是一种对第三者责任承担赔偿的保险。交强险不赔付交通事故中车主、本车人员及自己的车辆的人身伤亡、财产损失。交强险以被保险人对第三人的赔偿责任为标的，以填补被保险人对第三人承担赔偿责任所受损失为目的，故是一种第三人保险或者第三者责任保险。通常，第三人泛指除被保险人之外的不确定主体。按我国现行法律规定，第三人是指除被保险人和保险车辆上人员之外的所有人。

　　c. 交强险是一种无过失责任保险。《道路交通安全法》规定，机动车一方对强制保险责任限额范围内的人身伤亡和财产损失，无论主观上有无过错，均应承担赔偿责任。酒后驾车、故意撞人，交强险也理赔，目的是保护受害者，体现公益性。当然遇到这种情况，保险公司会先垫付医疗费用，再立案调查情况，向驾驶人追偿。同一情况下，与交强险中有过失责任的赔偿相比，无过失责任理赔的金额非常有限，见表 4-1。

　　d. 交强险的赔付顺序。发生交通事故时，在责任限额内的损失，交强险先行赔付，超过限额部分再由商业三者险或相关人员赔付。例如 A 车追尾 B 车，造成 B 车 2 800 元的损失，保险公司赔付 2 800 元，其中 2 000 元是 A 车交强险财产损失赔偿（限额 2 000 元），800 元属于 A 车商业三者险对 B 车损失的赔付。

　　③ 保险责任和责任限额。在中华人民共和国境内（不含港、澳、台地区），被保险人在使用被保险机动车过程中发生交通事故，致使受害人遭受人身伤亡或者财产损失，依法应当由被保险人承担的损害赔偿责任，保险人按照交强险合同的约定对每次事故在表 4-1 所示赔偿限额内负责赔偿。

表 4-1　交强险责任限额

责任限额总和	12.2 万元
机动车在道路交通事故中有责任的赔偿限额	死亡伤残赔偿限额：110 000 元 医疗费用赔偿限额：10 000 元 财产损失赔偿限额：2 000 元
机动车在道路交通事故中无责任的赔偿限额	死亡伤残赔偿限额为 11 000 元 医疗费用赔偿限额为 1 000 元 财产损失赔偿限额为 100 元

　　死亡伤残赔偿限额和无责任死亡伤残赔偿限额项下负责赔偿丧葬费、死亡补偿费、受害人亲属办理丧葬事宜支出的交通费用、残疾赔偿金、残疾辅助器具费、护理费、康复费、交通费、被扶养人生活费、住宿费、误工费，被保险人依照法院判决或者调解承担的精神损害抚慰金。

　　医疗费用赔偿限额和无责任医疗费用赔偿限额项下负责赔偿医药费、诊疗费、住院费、住院伙食补助费，必要的、合理的后续治疗费、整容费、营养费。

　　（2）商业险

　　机动车商业保险又称为汽车商业保险，简称商业险。机动车辆商业险，是车主投保了国家规定必保的机动车辆交强险后，自愿投保商业保险公司的汽车保险。

　　商业险分为主险、附加险。主险包括机动车损失保险、机动车第三者责任保险、机动车车上人员责任保险、机动车全车盗抢保险共四个独立的险种，投保人可以选择投保全部险种，也可以选择投保其中部分险种。保险公司依照保险合同的约定，按照承保险种分别承担保险责任。主险和附加险的对应关系，见表 4-2。附加险不能独立投保，车主投保了附加险对应的主险之后才能投保对应的附加险。附加险条款与主险条款相抵触之处，以附加险条款为准，附加险条款未尽之处，以主险条款为准。

表 4-2　商业险主险与附加险

险别	机动车产品体系（含挂车）			
主险	车损险	三者险	车上人员责任险	盗抢险
附加险	玻璃单独破碎险 自燃损失险 新增加设备损失险 车身划痕损失险 发动机涉水损失险（仅适用于家庭自用汽车、党政机关、事业团体用车、企业非营业用车） 修理期间费用补偿险 不计免赔险 无法找到第三方特约险 指定修理厂险	车上货物责任险 精神损害抚慰金责任险 不计免赔险	精神损害抚慰金责任险 不计免赔险	不计免赔险

动画　车损险致损原因列举

① 主险

a. 机动车损失保险（车损险）。车损险，是指被保险人或其允许的驾驶人在驾驶保险车辆时发生保险事故，造成保险车辆受损，保险公司在合理范围内予以赔偿。交强险和三者险是负责赔别人的，车损险是负责赔自己的。

保险责任：

● 被保险人或其允许的驾驶人员在使用保险车辆过程中，因下列原因造成保险车辆的损失，保险人负责赔偿：碰撞、倾覆、坠落；火灾、爆炸；外界物体坠落、倒塌；雷击、暴风、暴雨、洪水、龙卷风、冰覆、台风、热带风暴；地陷、崖崩、滑坡、泥石流、雪崩、冰陷、暴雪、冰凌、沙尘暴；受到被保险机动车所载货物、车上人员意外撞击；载运被保险车辆的渡船遭受自然灾害（只限于有驾驶人员随船的情形）。

● 发生保险事故时，被保险人为防止或者减少保险车辆的损失所支付的必要的、合理的施救费用，由保险人承担，最高不超过保险金额的数额。

虽说有了车损险，对于大部分因自己造成的损伤和事故都可以获得理赔，但是随着费率改革的推进，你用的次数越多，下一年可能就会越惨，提高的不仅是费用，还有你的高危程度，一旦被保险公司判定为高危客户，上浮保费算是最轻的，或者让你多上一些附加险，最差就是直接拉黑你，不让你再上车损险了。所以说，对于日常行驶中出现的各种小剐小蹭，如果不太影响美观，或不影响行驶安全的话，建议不要一出事儿就走保险，或者只有出现比较严重的情况时再走保险。

b. 机动车第三者责任保险（三者险）。第三者责任险（简称三责险或三者险），全称：机动车第三者责任保险。第三者责任险是指除去你自己、车乘人员和车之外的人或物。这些都算在第三者的范畴，简单讲就是：由于自己的车辆给第三方（车、人、财物）造成损失或伤害，应当由自己来承担的责任，就需要用这个险种来进行赔付。

保险责任：

保险期间内，被保险人或其允许的合法驾驶人在使用被保险机动车过程中发生意外事故，致使第三者遭受人身伤亡或财产直接损毁的，依法应当对第三者承担的损害赔偿责任，保险人依照本保险合同的约定，对于超过机动车交通事故责任强制保险各分项赔偿限额的部分负责赔偿。第三者责任保险赔偿必须满足的条件：

- 驾驶人是被保险人或其允许的合格驾驶人。
- 车辆处于使用过程中。
- 由意外事故造成。
- 赔偿项目是第三者的人身或财产直接损失。

三者险责任免除情形：

不属于第三者范围的人身伤亡或财产损失不负责赔偿。被保险机动车造成不属于第三者范围的对象的人身伤亡、所有或代管的财产的损失，不论在法律上是否应当由被保险人承担赔偿责任，保险人均不负责赔偿。以下三类对象不属于第三者范围：

- 被保险人及其家庭成员。
- 被保险机动车本车驾驶人及其家庭成员。
- 被保险机动车本车上其他人员。

三者险赔偿限额：

目前我国三者险采取责任限额方式。责任限额是保险人计收保险费的依据，也是承担每次三者险事故赔偿的最高额度。第三者责任险赔偿额度分为5万元、10万元、15万元、20万元、30万元、50万元、100万元和100万元以上，且最高不超过5 000万元。责任限额为100万元以上时，必须是50万元的整数倍。责任限额由投保人和保险人在签订保险合同时协商确定。以6座以下客车为例，不同赔偿额度的保费，见表4-3。表中为广州某保险公司的报价，不同地区和保险公司价格不同，该表仅供参考。

表 4-3　三者险赔偿限额

赔偿限额 / 元	年保费 / 元
50 000	543
100 000	782
150 000	892
200 000	970
300 000	1 095
500 000	1 315
1 000 000	1 711

c. 车上人员责任险。车上人员责任险是车辆商业险的主要保险，它的主要功能

是赔偿车辆因交通事故造成的车内人员伤亡的保险。车上人员责任险是保险公司为开车与坐车的人，在意外事故中造成的伤亡进行赔偿的一种汽车保险。这个保险对于车主们都很重要，因为在车内的人员一般都是自己身边重要的人，为他们买一份保险也是必要的。也就是说，当你开车搭乘朋友家人发生交通意外而伤亡时，保险公司会对丧葬费、伤亡赔偿、医疗费和误工费等进行赔偿。

发生意外事故的瞬间，在被保险机动车车体内或车体上的人员，包括正在上下车的人员。车上人员每人的最高赔偿限额由投保人和保险人在投保时协商确定，投保座位数以保险车辆的核定载客数为限。一般情况下，商务车或经常搭顺风车的车辆最好购买车上人员责任险。

d. 全车盗抢险。全车盗抢险是指被保险机动车被盗窃、抢劫、抢夺，经出险当地县级以上公安刑侦部门立案证明，满60天未查明下落的全车损失，保险公司负责赔偿。

责任范围：

● 被保险机动车被盗窃、抢劫、抢夺，经出险当地县级以上公安刑侦部门立案证明，满60天未查明下落的全车损失。

● 被保险机动车全车被盗窃、抢劫、抢夺后，受到损坏或车上零部件、附属设备丢失需要修复的合理费用。

● 被保险机动车在被抢劫、抢夺过程中，受到损坏需要修复的合理费用。

全车盗抢险免赔率：

保险人在依据保险合同约定计算赔款的基础上，按照下列方式计算免赔率。

● 发生全车损失的，绝对免赔率为20%。

● 发生全车损失，被保险人未能提供《机动车登记证书》或机动车来历凭证的，每缺少一项，增加1%的绝对免赔率。

● 投保时约定行驶区域，保险事故发生在约定行驶区域以外的，增加10%的绝对免赔率。

选择全车盗抢险时，要考虑车辆的防盗技术水平。若采用发动机芯片防盗技术（如帕萨特B5），就可应付一般小偷，而有解码机的大盗都盯着奔驰S级、凯迪拉克、宝马等高档车。还要考虑本地区的治安情况。如上海等地区因治安情况较好，车辆被盗的概率很小。以及有无固定的停车场地。如果本地过夜停放在自己小区的停车场，且在外地过夜停放在星级宾馆，可以考虑不购买全车盗抢险。行驶区域也是影响全车盗抢风险的因素之一。如果经常外出驾车旅游或经常单独开省道的夜路，可以考虑购买全车盗抢险。

② 附加险

a. 不计免赔险。所谓免赔率，是指不赔金额与损失金额的比率。保险公司对超出免赔率部分的损失进行赔偿，赔偿金额不包含免赔金额。可见，免赔率以下的部分损失，保险公司是不负责赔偿的。例如三者险中的事故责任免赔率中，根据被保险车辆驾驶人在交通事故中的责任大小划定不同的免赔率，见表4-4。其中保险车辆驾驶人负全部责任的，事故责任免赔率20%；负主要责任的，事故责任免赔率15%；负同等责任的，事故责任免赔率10%；负次要责任的，事故责任免赔率5%。

表 4-4　事故责任免赔率

被保险车辆所负责任大小	事故责任免赔率
负全部责任	20%
负主要责任	15%
负同等责任	10%
负次要责任	5%

不计免赔险的定义：车辆保险中的不计免赔险，又称不计免赔特约险，是一种商业险（车损险或三者险）的附加险。不计免赔险作为附加险，需要以投保的"主险"为投保前提条件，不可以单独进行投保，其保险责任通常是指"经特别约定，发生意外事故后，按照对应投保的主险条款规定的免赔率计算的、应当由被保险人自行承担的免赔金额部分，保险公司会在责任限额内负责赔偿"。一般来说，投保了这个险种，就能把本应由自己负的 5%～20% 的赔偿责任再转嫁给保险公司。举例说明它的作用，当你失误驾车撞树（图 4-28），造成了 2 000 元的损失时，因为是单方肇事，正常来说保险公司只赔你损失的 80% 也就是 1 600 块钱，但如果你购买了不计免赔险，你就能获得 2 000 元的 100% 的赔偿。

由于这个附加险保障全面，而费率却相对便宜，所以一经推出就很受车主欢迎。通常是指车主在投保购买此险种后，将车主由于事故责任所承担的免赔金额转给保险公司，车主领到的理赔额会更多。在购买车险时，车主应给车损险与第三者责任险等其他险种分别投保不计免赔，使自身理赔权益达到最大化。

b. 玻璃单独破碎险。玻璃单独破碎险（图 4-29），即保险公司负责赔付保险车辆在使用过程中，发生本车玻璃破碎的损失的一种商业保险。玻璃破碎，是指被保险车辆只有风窗玻璃和车窗玻璃（不包括车灯、车镜玻璃）出现破损的情况。

保险公司对玻璃破碎通常按实际损失赔付，投保时不需要确定保险金额，但要确定按国产还是按进口玻璃投保，以便理赔时确定按何种玻璃赔偿。

图 4-28　驾驶汽车失误撞树

图 4-29　前风窗玻璃破碎

c. 自燃损失险（自燃险）。自燃险，即车辆附加自燃损失险（图 4-30），在保险期间内，保险车辆在使用过程中，因本车电路、线路、油路、供油系统、货物自身发生问题、机动车运转摩擦起火引起火灾，造成保险车辆的损失，以及被保险人在发生本保险事故时，为减少保险车辆损失所支出的必要合理的施救费用，保险人负责赔偿。

图 4-30　汽车自燃

d. 新增设备损失险（新增设备险）。增加设备损失险是附加险的一种，负责赔付车辆由于发生碰撞等意外事故而造成的车上新增设备的直接损失。新增设备可以是加装的制冷设备、录像设备、真皮或电动座椅、外包围、前照灯及轮毂等。

3. 汽车保险方案选择

汽车保险的险种很多，在选择险种的时候，要看看哪一个险种更适合自己。险种五花八门，常常让新买车的车主眼花缭乱，无所适从。在汽车保险的诸多险种中，机动车交通事故责任强制保险按规定任何车辆都必须投保。其他的险种则在很大程度上依赖于车主的经济情况，根据自己的经济实力与实际需求有选择地进行投保。险种较多，消费者可以根据自己的实际情况来确定投保哪些险种，设计出适合自身需求的险种方案。以下是特别推荐的 5 个机动车辆保险方案。

（1）最低保障方案，见表 4-5。

表 4-5　最低保障方案

险种组合	交强险
保障范围	只对第三者的损失负赔偿责任
适用对象	适用于那些怀有侥幸心理，认为上保险没用的个人或急于拿保险单去上牌照或验车的人
优点	可以用来应付上牌照或验车
缺点	一旦撞车或撞人，对方的损失能得到保险公司的一些赔偿，但是自己车的损失只能自己负担

（2）基本保障方案，见表 4-6。

表 4-6　基本保障方案

险种组合	机动车交通事故责任强制保险 + 车辆损失险 + 第三者责任险
保障范围	只投保基本险，不含任何附加险
适用对象	有一定经济压力的个人或单位

续表

优点	必要性最高
缺点	不是最佳组合，最好加入不计免赔特约条款

（3）经济保障方案，见4-7。

表4-7　经济保障方案

险种组合	机动车交通事故责任强制保险 + 车辆损失险 + 第三者责任险 + 不计免赔特约险 + 全车盗抢险
适用对象	个人，是精打细算的最佳选择
优点	投保最有价值的险种，保险性价比最高；人们最关心的丢失和100%赔付等大风险都有保障，保费不高但包含了比较实用的不计免赔特约险。当然，这仍不是最完善的保险方案
缺点	不是最佳组合，不能得到全面保障

（4）最佳保障方案，见表4-8。

表4-8　最佳保障方案

险种组合	机动车交通事故责任强制保险 + 车辆损失险 + 第三者责任险 + 车上人员责任险 + 玻璃单独破碎险 + 不计免赔特约险 + 全车盗抢险
适用对象	一般公司或个人
优点	在经济投保方案的基础上，加入了车上人员责任险 + 玻璃单独破碎险，使乘客及车辆易损部分得到安全保障。投保价值大的险种，不花冤枉钱，物有所值
缺点	不是最佳组合，不能得到全面保障

（5）完全保障方案，见表4-9。

表4-9　完全保障方案

险种组合	机动车交通事故责任强制保险 + 车辆损失险 + 第三者责任险 + 车上人员责任险 + 玻璃单独破碎险 + 不计免赔特约险 + 新增加设备损失险 + 自燃损失险 + 全车盗抢险
适用对象	一般公司和个人
优点	保全险，居安思危方才有备无患。能保的险种全部投保，从容上路，不必担心交通所带来的种种风险。投保的人员不必为少保某一个险种而得不到赔偿，承担投保决策失误的损失
缺点	保全险保费较高，某些险种出险的概率非常小

4. 汽车保险理赔流程

汽车保险理赔的处理程序其实很简单，主要包括受理案件、现场查勘与定损、赔付结案三个过程。详细可以分为9个步骤，分别是：车辆出险、报案、现场处理、提出索赔请求、配合保险公司事故查勘、事故结案、提交索赔材料、索赔审核和领取赔款。

①出险。出险就是发生了事故（图4-31），无论是车撞车、车撞人还是其他，出险后应申请保险理赔流程。

②报案。保险公司要求在事发48小时内必须报案，向公安机关报警及拨打保险公司的理赔电话，如果错过了保险不赔。

③现场处理。有些情况下，为了避免影响交通，可以在事故现场充分拍照留底后，移动车辆。

④提出索赔请求。当保险公司的勘察人员到达事故现场后，车主可以提出索赔请求，然后等待勘察。

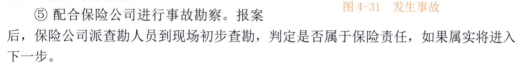

图4-31　发生事故

⑤配合保险公司进行事故勘察。报案后，保险公司派查勘人员到现场初步查勘，判定是否属于保险责任，如果属实将进入下一步。

⑥结案。根据损失部位痕迹及程度，查勘员会初步现场定损或直接到修理厂、4S店、定损中心去定损。

⑦提交索赔材料。上述步骤完成后，向保险公司提交索赔所需的全部材料，然后保险公司对车主提交的索赔材料的真实性和完备性进行审校确认。

⑧索赔审核。当提交的索赔材料真实齐全的情况下保险公司进行保险赔款的准确计算和赔案的内部审核工作。

⑨领取赔款。保险公司根据与客户商定的赔款支付方式和保险合同的约定支付赔款。

【任务小结】

1. 能够解释汽车保险相关术语。
2. 熟悉汽车保险的种类。
3. 能够选择合适的汽车保险投保方案。
4. 能够掌握汽车保险理赔业务流程。
5. 拓展阅读。汽车相关微信公众号、门户网站汽车频道、汽车论坛、专门汽车网站等最新汽车资讯。

【课后练习】

详见智慧职教数字课程。

工学任务三　熟悉汽车上牌与上路

PPT　汽车上牌与上路

微课　汽车上牌与上路

【学习目标】

1. 素质目标

（1）爱国守法、崇德向善、诚实守信。

（2）爱岗敬业、积极进取、团结协作。

（3）热爱劳动、沟通流畅、勇于创新。

（4）精益求精、工匠精神、7S 管理。

2. 知识目标

（1）掌握汽车入户与上牌流程。

（2）熟悉机动车驾驶证的申领和使用。

（3）掌握机动车驾驶证考试项目。

（4）熟悉汽车道路驾驶应急处理和汽车驾驶节油技术。

（5）掌握新能源汽车（电动汽车）的驾驶方法。

3. 能力目标

（1）购买汽车后能对汽车完成入户和上牌。

（2）掌握基本的汽车驾驶知识。

（3）掌握汽车道路驾驶应急处理知识。

（4）在驾驶机动车时能掌握节油驾驶技术，以及电动汽车的驾驶方法。

【任务导入】

预选机动车号牌

现场办理：各市车管所及各分所业务窗口。需要提供资料：机动车所有人的身份证明；机动车的来历证明即机动车销售发票原件；机动车交通事故责任强制保险凭证原件；属于国产机动车的提交合格证原件，属于进口机动车的还需提交进出口凭证原件；还要查验机动车。注：需在注册登记前缴纳车辆购置税。

网络办理：通过互联网办理应提前准备如下资料，以便在网络办理中实现信息填写工作：① 机动车所有人的身份证明；② 机动车的来历证明即机动车销售发票原件；③ 属于国产机动车的需要提供合格证原件，属于进口机动车的需要提供进出口凭证原件……

——《我买了新车，怎么给我的车上牌呢？交管业务权威解答》澎湃新闻

学习感悟

【课堂活动】

以 4～6 人为一个小组，分组讨论机动车驾驶中可能遇到的问题以及如何处理，讨论后填入工单中。

实训工单

1. 资料收集	
机动车驾驶中可能遇到的问题	
2. 分组讨论	
如何处理机动车驾驶中遇到的问题？	
3. 资料拓展	
为保证安全驾驶，有哪些好的驾驶习惯与建议？	

【相关知识】

1. 汽车入户与上牌

（1）新车入户

一般来讲，新车在购买后，就要进行入户等相关手续的办理，新车入户具体的过程如下：

① 验证。购车后，由售车单位开发票到市工商局所属的机动车市场管理所办理验证手续，并加盖验证章，进口车还需交验有经销商提供的海关货物进口证明或罚没证明书、商验证明书及相关的申领牌照手续。

② 办理临时牌照。没牌照的车不能上路，因此验证后本地居民还得到当地交通大队办理车辆临时牌照，如图 4-32 所示。

行政辖区内的临时号牌　　跨行政辖区临时号牌

图 4-32　新车临时移动证

③ 验车。新车须经车辆检测场"体检"合格才能领牌。验车场由车管所指定。

④ 缴纳附加费。汽车为高档消费品，因此车主还必须到交通部门指定的车辆购置附加费征稽管理处缴纳购置附加费。

⑤ 上保险。汽车出事故较高，容易给他人带来伤害。因此购买新车必须承保第三者责任险。车主可在保险公司或保险代理处缴纳保费。

⑥ 领取车牌照。以上程序完成后，就可以到指定的车管所领牌。领牌需带购车发票、车辆合格证、身份证及以上三证的复印件、保险单、购置附加费证、验车合格的机动车登记表及停车泊位证明。单位购车还须带上"控办"证明、法人代码，并须在机动车登记表上加盖单位公章。诸证齐备方可领取车牌照、临时行车执照和"检"字牌。私车牌须车主本人亲自前往，他人不能代领。

⑦ 新车登记备案。到车主所在地安委会为新车登记备案。

⑧ 领取正式行车执照。准备新车照片两张，3 日后凭照片、临时行车执照、备案卡、养路费凭证到取牌照的车管所换正式行车执照。

⑨ 领取"税"字。在附加费征稽处建档，并在附加费证上加盖"已建档"戳记，然后去所在地税局缴纳车船使用税，领取"税"字牌。这样，车主就可以放心地正式上路行驶了。

（2）新能源汽车的车牌

为更好地促进新能源汽车发展，更好地区分及辨识新能源汽车，实施差异化交通管理政策，公安部试点启用新能源汽车专用号牌（图 4-33）。自 2016 年 12 月 1 日起，上海、南京、无锡、济南、深圳 5 个城市率先试点启用新能源汽车号牌。根据所在地的不同政策，有的省市鼓励新能源汽车的发展，购买新能源汽车可以直接挂牌，不需要摇号。但是有些地方例如北京，如果人数过多，仍需摇号，并且目前绝大多数城市新能源汽车不受单双号限行的影响。

图 4-33　新能源汽车车牌

① 新能源汽车号牌变绿色。为了突出绿色环保的寓意，体现鲜明特点，新能源汽车号牌式样底色以绿色为主色调，其中，小型新能源汽车号牌底色采用渐变绿色，大型新能源汽车号牌底色采用黄绿双拼色。

② 新能源汽车号牌号码位数由 5 位变为 6 位。新能源汽车号牌号码在原基础上增加了一位。与普通汽车号牌相比，新能源汽车号牌号码由 5 位升为 6 位。

③ 新能源汽车号牌按照不同车辆类型实行分段管理，字母"D"代表纯电动汽车，

字母"F"代表非纯电动汽车（包括插电式混合动力汽车和燃料电池汽车等）。小型新能源汽车号牌中"D"或"F"位于号牌序号的第一位，大型新能源汽车号牌中"D"或"F"位于号牌序号的最后一位，如图 4-34 所示。

图 4-34　新能源汽车号牌格式

2. 汽车驾驶

（1）机动车驾驶证的分类

机动车驾驶人考试合格后，就可以取得某种车型的驾驶证。但是有的驾驶证只能开某种车，有的驾驶证则可以覆盖其他好几种车型。一般来说，持有高项记录的驾照准驾低项记录的车型，持有低项记录的驾照不准驾驶高项记录的车型。有大客车的驾驶证，可以开小轿车；有小轿车的驾驶证就不能去开大客车。机动车驾驶人准予驾驶的车型顺序依次分为：大型客车、牵引车、城市公交车、中型客车、大型货车、小型汽车、小型自动挡汽车、低速载货汽车、三轮汽车、残疾人专用小型自动挡载客汽车、普通三轮摩托车、普通二轮摩托车、轻便摩托车、轮式自行机械车、无轨电车和有轨电车。详细的驾驶证类别与准驾车型的关系见表 4-10。

表 4-10　驾驶证类别与准驾车型

准驾车型	代号	准驾的车辆	准予驾驶的其他准驾车型
大型客车	A1	大型载客汽车	A3、B1、B2、C1、C2、C3、C4、M
牵引车	A2	重型、中型全挂、半挂汽车列车	B1、B2、C1、C2、C3、C4、M
城市公交车	A3	核载 10 人以上的城市公共汽车	C1、C2、C3、C4
中型客车	B1	中型载客汽车（含核载 10 人以上、19 人以下的城市公共汽车）	C1、C2、C3、C4、M
大型货车	B2	重型、中型载货汽车；大、重、中型专项作业车	
小型汽车	C1	小型、微型载客汽车以及轻型、微型载货汽车；轻、小、微型专项作业车	C2、C3、C4

续表

准驾车型	代号	准驾的车辆	准予驾驶的其他准驾车型
小型自动挡汽车	C2	小型、微型自动挡载客汽车以及轻型、微型自动挡载货汽车	
低速载货汽车	C3	低速载货汽车（原四轮农用运输车）	C4
三轮汽车	C4	三轮汽车（原三轮农用运输车）	
普通三轮摩托车	D	发动机排量大于 50 mL 或者最大设计车速大于 50 km/h 的三轮摩托车	E、F
普通二轮摩托车	E	发动机排量大于 50 mL 或者最大设计车速大于 50 km/h 的二轮摩托车	F
轻便摩托车	F	发动机排量小于等于 50 mL，最大设计车速小于等于 50 km/h 的摩托车	
轮式自行机械车	M	轮式自行机械车	
无轨电车	N	无轨电车	
有轨电车	P	有轨电车	

（2）机动车驾驶证的申领和使用

凡是符合中华人民共和国《机动车驾驶证申领和使用规定》中有关身体条件规定的中国公民（包括港、澳、台同胞在内）、现役军人、外籍人士，尚未取得机动车驾驶资格的，都可以申请领取中华人民共和国机动车驾驶证。申请机动车驾驶证的人，应当符合《机动车驾驶证申领和使用规定》中的年龄条件、身体条件，如申请小型汽车、小型自动挡汽车、残疾人专用小型自动挡载客汽车、轻便摩托车准驾车型的，在 18 周岁以上、70 周岁以下；无红绿色盲等。以及没有不得申领机动车驾驶证的情形，如造成交通事故后逃逸构成犯罪的等情形。

（3）机动车驾驶证考试介绍

汽车驾驶证是国家公安部颁发的驾驶机动车辆的资格证书，要获得汽车驾驶证必须通过机动车驾驶人考试。通过学习，机动车驾驶人应掌握汽车考试科目一的道路交通安全法律、法规和相关知识考试；科目二的场地驾驶技能考试；科目三的道路驾驶技能考试和安全文明驾驶常识考试。机动车驾驶人考试合格后，颁发机动车驾驶证，汽车驾驶人要按照汽车驾驶操作规程安全驾驶汽车。

①　科目一　道路交通安全法律、法规和相关知识考试。通过科目一的学习主要达到以下目标：

a. 熟练掌握《中华人民共和国道路交通安全法》《中华人民共和国道路交通安全法实施条例》的相关内容，理解和掌握道路交通标志（图4-35）和标线相关内容，了解违法处理程序、道路交通事故处理办法、驾驶证申领和使用、驾驶人考试标准和要求、机动车登记及《中华人民共和国道路运输条例》的有关内容。

村庄标志	隧道标志	反向弯路标志	渡口标志
表示前方是紧靠村庄、集镇且视线不良的路段，提醒小心驾驶。	表示前方是隧道；提醒驾驶人提前减速，必要时开亮车灯。	表示前方是连续有两个方向相反的急弯路。	表示前方是车辆渡口；车辆要按规定待渡，上船时要注意安全。

连续弯路标志	驼峰桥标志	陡坡标志
表示前方是连续有三个或三个以上的弯路。	表示前方是驼峰桥；提醒驾驶人靠右行驶，注意对面来车。	表示前方是陡坡和坡顶；警告驾驶人注意行车安全。

图 4-35　道路交通标志

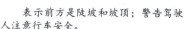

　　b. 养成安全礼让、文明驾驶的道德意识。

　　c. 树立交通安全意识，掌握安全行车知识，了解驾驶人安全心理知识及行人和非机动车的动态特点；掌握驾驶人生理状况及驾驶工作环境对安全行车影响的知识；了解危险化学品常识、车辆消防知识及常用的伤员急救知识。

　　d. 了解车辆基本构造，熟悉各操纵装置、仪表的作用。

　　e. 培养安全正确的上、下车动作及驾驶姿势等。

　　② 科目二　场地驾驶技能考试。科目二的学习主要是驾驶操作的基础部分，主要是各种操作的基本环节和操作要求以及基础驾驶，为科目三在各种交通环境下的安全驾驶打下良好的基础。科目二（场地驾驶技能考试）的考试内容包括倒车入库、坡道定点停车和起步、侧方停车、曲线行驶和直角转弯五个项目。这五个项目是基于科目一的理论知识基础之上帮助驾驶人了解车辆性能，并能够用于指导安全行车，以及了解车辆日常维护的内容、方法和要求。掌握安全检视的内容、方法和要求，掌握轮胎更换的方法。熟练掌握起步、加速、换挡、减速、停车和倒车的操作要领。能够保持正确的行驶位置和行驶路线。能够合理地选择行驶位置和速度（挡位）通过弯道和曲线。窄路驾驶时，能够凭借车感合理选择路线和速度通过。能够正确地选择挡位，平稳起步。能够将车辆停在预定位置；能够选择合理的速度和挡位倒车，使车辆倒入指定位置；掌握车辆的侧方位停车、倒车入库要领，培养对车体的空间感觉。

　　③ 科目三　道路驾驶技能考试和安全文明驾驶常识考试。科目三（道路驾驶技能考试和安全文明驾驶常识考试）主要考试内容包括上车准备、夜间行驶、起步、路口右转弯、掉头、直行通过路口、路口左转弯、通过公交车站、加减挡操作、会车、超车、直线行驶、变更车道、通过人行横道、通过学校区域、靠边停车和安全文明驾

动画　驾考科目二——倒车入库

动画　驾考科目二——坡道定点

动画　驾考科目二——侧方位停车

动画　驾考科目三——路考

驶常识考试。要求驾驶人着重掌握如何按照法律、法规的要求，结合科目二的基础操作技能，练习今后在日常驾驶中必须掌握的各种常见场景的安全驾驶方法以及在各种特殊交通环境下的安全行车方法，并要求驾驶人掌握应知应会的急救和保险等知识，为走出驾校上路行驶做好充分准备。

（4）汽车道路驾驶应急处理

紧急情况处置的原则：

遇紧急情况避险时，应沉着冷静，坚持先避人后避物的处理原则。在车速较高可能与前方车辆发生碰撞时，驾驶人应先制动减速，后转向避让。高速时急转向，极易造成车辆侧滑相撞或在离心力作用下倾翻的事故。当前轮制动抱死时，驾驶人转动转向盘并不能改变车辆行进方向。

① 爆胎应急处理。爆胎是高速行驶时意外又危险的状况，具体表现是转向盘突然一抖，紧接着传来"砰"的一声巨响，车头随之一偏……遇到这种状况往往就是遇到了爆胎。所谓爆胎其实就是指轮胎在很短时间（少于 0.1 s）内失去大部分空气，从而影响正常行驶，如图 4-36 所示。

a. 发现轮胎漏气时，驾驶人应紧握转向盘，慢慢制动减速，极力控制行驶方向，尽快驶离行车道。驶离主车道时，不可采用紧急制动，以免造成交通事故。

b. 后轮胎爆裂时，驾驶人应保持镇定，双手紧握转向盘，极力控制车辆保持直线行驶减速停车。

c. 驾驶人意识到前轮胎爆裂时，应双手紧握转向盘，松开加速踏板，极力控制车辆直线行驶。前轮爆胎时，危险较大，驾驶人一定要极力控制转向盘，迅速抢挂低速挡。前轮爆裂已出现转向时，驾驶人不要过度矫正，应在控制住方向的情况下，轻踏制动踏板，使车辆缓慢减速，如图 4-37 所示。

图 4-36 汽车爆胎   图 4-37 双手紧握转向盘

d. 行车中发生爆胎时，驾驶人尽量采用"抢挡"的方法，利用发动机制动使车辆缓慢减速，切忌慌乱中急踏制动踏板，以避免车辆横甩发生更大的险情。

e. 行车中轮胎突然爆裂时的正确做法是保持镇静，缓抬加速踏板，紧握转向盘，控制车辆直线行驶，待车速降低后，再轻踏制动踏板。

f. 轮胎气压过低时，高速行驶轮胎会出现波浪变形，温度升高而导致爆胎。

② 转向不灵、失控时的应急处理

a. 驾驶人发现转向不灵时，正确的做法是尽快减速，在安全地点停车，查明原因。

b. 装有动力转向的车辆，驾驶人突然发现转向困难，操作费力，应尽快减速，选择安全地点停车，查明原因。

c. 转向失控后，若车辆偏离直线行驶方向，应果断地连续踩踏、放松制动踏板，使车辆尽快减速停车，如图 4-38 所示。

图 4-38　转向失控时的应急处理

d. 当车辆转向失控，行驶方向偏离，事故已经无可避免时，应尽快减速，极力缩短停车距离，减轻撞车力度。

e. 高速行驶的车辆，在转向失控的情况下使用紧急制动，很容易造成翻车。

f. 转向突然失控后，若车辆和前方道路情况允许保持直线行驶时，不可使用紧急制动（图 4-39）。

③ 制动突然失灵时的应急处理

a. 行车中制动突然失灵时，驾驶人要沉着镇静，握紧转向盘，利用"抢挡"或驻车制动进行减速，利用发动机制动控制车速。

b. 下坡路制动突然失灵时，可采用的办法是将车辆向上坡道方向行驶；用车身靠向路旁的岩石或树林碰擦（或用前保险杠侧面撞击山坡）；利用道路边专设的避险车道停车。

c. 制动失灵后，驾驶人应立即寻找并冲入紧急避险车道；停车后，拉紧驻车制动器，以防溜动发生二次险情。

图 4-39　不可使用紧急制动

d. 制动突然失灵，避让障碍物时，要掌握"先避人，后避物"的原则。

e. 出现制动失效后，应以控制方向为第一应急措施，再设法控制车速。

（5）汽车驾驶节油技术

①　良好的驾驶习惯。见空隙就抢的不良驾驶习惯，在行车中尤其是交通不畅、等红灯、变换车道时经常见到。相邻车道刚有了点空当，这边一辆车就突然加速挤过去了，过去了就不得不踩制动踏板。专家们曾做过加速行驶油耗试验，让车辆匀速行驶进入测试路段后，试车员将加速踏板踩到底行驶，完成规定距离的行驶后，发现油耗比匀速行驶增加了 2 ~ 3 倍。起步停车是驾驶的主要程序，也是节油的关键环节之一。因此要特别注意，起步时尽量要稳，特别是在遇到红绿灯时更是如此，千万不要与其他车辆暗中较劲比谁起步快。

②　正确掌握变速时机。低挡高速长距离行车的习惯多发生在初学驾驶者身上，也常发生在驾车易走神儿的人身上。三挡长距离高速行车，比四挡正常行车油耗要增加 10%，而如果用二挡代替三挡行车油耗还会增加。有些人直到发动机转数超过规定很多后才加挡，这也会造成燃油浪费。现代汽车对换挡都有规定，发动机转速必须达到规定转数后才许加挡，这是从保护发动机的角度出发的。低挡高速肯定费油，高挡低速不一定省油。

③　经济车速运行。每一款车都有经济时速，低于这个速度或高于这个速度油耗就会上升，再超过一定的速度后，油耗会大幅度上升。在一般道路上行驶时车速 40 ~ 60 km/h、高速公路上车速 80 ~ 100 km/h 为经济车速。在安全前提下保持经济车速匀速行驶节省燃油。

④　合适的轮胎气压。如果轮胎充气不足，耗油量也会增加。胎压过低时，轮胎与路面的摩擦系数会增大，油耗上升。轮胎与地面摩擦成倍增加，胎温急剧升高，轮胎变软，强度急剧下降。车辆高速行驶，也可能导致爆胎。

⑤　暖机后起步。发动机冷态起动时，由于机油的黏度大，各运动件之间的摩擦阻力大，要起步的话，势必要深踩加速踏板。如果通过暖机，将温度提升到 50℃ 以上时，机油的黏度会明显下降，起步所需的转速也可降低。暖机起步也有利于减少机件的磨损，如图 4-40 所示。

（6）新能源汽车（电动汽车）的驾驶方法

电动汽车和传统燃油汽车的区别在于动力系统不同。电动汽车采用电驱动作为动力，由电池、电机、电控组成动力系统，而传统汽车由燃油发动机和变速器等组成动力系统。其实电动汽车也是借用了传统汽车的许多技术，驾驶操作上接近传统汽车自动变速器的风格，所以操作起来也很方便。

首先，纯电动汽车也是有挡位开关的，如图 4-41 所示，我们想要起动车辆，先踩下制动踏板进行通电，然后按下起动键，之后将挡位旋转到 D 位，放驻车制动，松开制动踏板，轻踩电门踏板，完成起步。

要停车时，松开电门踏板，踩住制动踏板，等车子停稳后将挡位旋转到 N 位，然后直接拉上驻车制动或者电子驻车制动，最后按下熄火键。

要注意的是，电动汽车的低速行驶噪音很低，小心路边的行人，有必要的时候，距离较远的时候，善意地轻点喇叭提醒行人。有些城市路段禁止鸣笛，也可以打开窗户，微笑礼貌的轻声告知行人注意行车。

图 4-40　暖车后起步

图 4-41　纯电动汽车挡位

　　如果驾驶人已经习惯了驾驶燃油汽车，再去驾驶纯电动汽车，很容易上手，但能够熟练驾驶还需要一段时间熟悉。等熟悉了之后，会发现其实电动汽车比燃油汽车开起来更加方便舒适。

【任务小结】

　　1. 购买汽车后能对汽车完成入户和上牌。

　　2. 掌握基本的汽车驾驶知识，取得驾照后能正确驾驶汽车。

　　3. 掌握进行汽车道路驾驶应急处理知识，在驾驶机动车时能掌握节油驾驶技术，以及电动汽车的驾驶方法。

　　4. 拓展阅读。汽车相关微信公众号、门户网站汽车频道、汽车论坛、专门汽车网站等最新汽车资讯。

【课后练习】

　　详见智慧职教数字课程。

项目五　新型汽车商业模式与智能网联汽车

工学任务一　熟悉汽车电商模式

【学习目标】

1. 素质目标
（1）爱国守法、崇德向善、诚实守信。
（2）爱岗敬业、积极进取、团结协作。
（3）热爱劳动、沟通流畅、勇于创新。
（4）精益求精、工匠精神、7S 管理。
2. 知识目标
（1）认识主要汽车电商平台及其经营模式。
（2）认识汽车电商发展的趋势和优缺点。
（3）熟悉汽车电商模式的发展过程和现状。
（4）熟悉典型的汽车电商平台的销售方式和特点。
3. 能力目标
（1）掌握通过网络收集主要汽车电商平台相关信息的能力。
（2）掌握对收集到的信息进行分析，熟悉汽车电商主要模式的能力。
（3）掌握理解熟悉典型的汽车电商平台的销售方式和特点的能力。

【任务导入】

"我觉得不管是电商，还是线下的连锁店、零售店，本质上要改善效率，只有改善效率，中国的产品才会越来越好，中国老百姓的购买需求才会极大地释放出来。"

——小米科技创始人　雷军

"我们希望企业和用户能够真正融为一体，来创造最佳的用户体验。对于用户来讲，大规模定制化的解决方案，真正实现用户和企业零距离。对企业来讲，达到互联工厂新模式，要颠覆掉现有（家电）行业制造的体系。"

——海尔集团电商 CMO　曾庆俐

"互联网时代，传统零售行业受到了电商互联网的冲击。未来，线下与线上零售将深度结合，再加现代物流，服务商利用大数据、云计算等创新技术，构成未来新零售的概念。纯电商的时代很快将结束，纯零售的形式也将被打破，新零售将引领未来全新的商业模式。"

——阿里巴巴集团董事局主席　马云

【课堂活动】

以 4 ～ 6 人为一个小组，分组收集汽车电商模式（各组收集不同的汽车电商模式）的相关资料，讨论后填入工单中。

实 训 工 单

1. 资料收集	
目标汽车电商模式的基本情况	
2. 分组讨论	
目标汽车电商模式的概念	
目标汽车电商模式的优缺点	
3. 资料拓展	
目标汽车电商模式的典型电商平台	

动画　我国汽车电商模式的发展历程

【相关资讯】

1. 汽车电商模式发展历程与现状

汽车作为商品，如今已成为社会生活中每个家庭的必需品。我国经济起步晚于西方发达国家，汽车工业起步于新中国成立后，发展到今天，面对着国内与国外多方汽车厂商的商业竞争。近年来，汽车零售市场格局发生重大变化，新车销售利润空间被压缩，消费习惯转变，经销商库存压力大，传统经销商模式进入瓶颈期，汽车零售市场转型需求强烈。与此同时，中国进入"互联网 +"时代，传统零售市场开启电商模式，电商提供了一种加速库存周转、便捷沟通、信息透明的方式，于是汽车电商出现和快速发展成为必然。但汽车电商的发展并非一帆风顺，早期汽车电商平台以汽车媒体切入，定义为"汽车交易服务平台"，照搬过"淘宝"模式，再转型"京东"模式，一路跌跌撞撞，起起伏伏，汽车电商的发展，从早期的单纯的O2O模式，到C2B、B2C、B2B等模式出现，如图5-1所示。

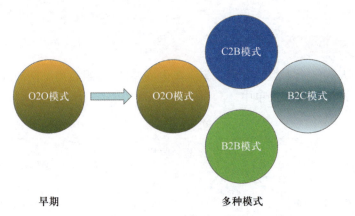

图 5-1　汽车电商模式变化

动画　车商城
的发展

　　汽车进入电商模式，主要有三个方面好处：一是可以及时、广泛、高效地宣传自己经营的汽车产品以及相关服务，如汽车销售网站、移动设备客户端（App）等，为客户了解和选择汽车产品及服务，提供了更加便捷高效的方式。二是汽车销售的相关信息更新更加及时，网络的便捷使消费者可以通过多种方式实时查询到汽车销售的各类信息，消费者不仅可以被动浏览，也可以主动查询。三是运营维护的人工成本大大降低，汽车销售商在传统模式下，必须把导购人员的工资及成本预算到销售开支中，但在网络营销模式下，这部分开支可以大大降低，但这并不意味着电商模式的经营成本就会很低。

　　政策方面，我国当前全面鼓励和支持民营企业经济和互联网经济，出台了较为完善的配套政策，用以支持和鼓励电商企业。全国各省市地方政府也积极响应中央政策，结合自身经济现状和发展实际，详细出台了具体可操作的政策方案。据了解，多地政策都在招商引资方面，对电商模式进行了相当优惠的政策支持。

　　经济方面，汽车用户已经成为网络媒体的重要受众，这与汽车消费的比例不断上升有关，也与现在汽车消费客户主要集中在70后、80后人群有关。根据调查结果，每天在网上超过一个小时的车主人群，占比达到37.5％；超过四个小时的人群，这项数据也达到了0.45％。伴随网络发展成长起来的人群，已经开始成为了汽车消费市场的主力，网络对于这部分人群在汽车消费上的影响，是不容忽视的。越来越多的汽车厂商也看到了这个趋势，相应地增加了网络营销方面的投入，并将网络营销作为未来汽车营销业务的主要方面。

　　生产经营方面，汽车产业是一个较为庞大的生产销售系统，由于汽车产品的配件多达上万种，其生产商、中间商、销售商是在协同下完成汽车产品服务。如此长的经营流程，对于汽车销售来说，必须想办法提高效率并压缩成本，网络销售模式为实现这一目的提供了条件。

　　传统车企自建电商布局，依托强有力的线下渠道，传统汽车企业电商均属于政策宣传、活动传播、营销推广、品牌及车型传播的渠道之一，最终落地为潜在客户线索收集，均无直接在线支付订购服务（近期改版上线的一汽大众电商可以支付订金功能），见表 5-1。

表 5-1　传统车企电商平台分析

品牌	定位方向	汽车商城（二级页面）	车型介绍	车主社区	在线支付	品牌宣传
一汽大众	车型体验 品牌宣传 引流商城	✓	✓			✓
上海大众	车型体验 品牌宣传 车主社区		✓	✓		✓
广汽丰田	车型体验 品牌宣传 引流商城	✓	✓			✓
一汽丰田	车型体验 品牌宣传 引流商城	✓	✓			✓
广汽本田	车型体验 品牌宣传 引流商城	✓	✓			✓
别克	车型体验；车主社区 品牌宣传；引流商城	✓	✓	✓		✓

除了常规的品牌和车型宣传功能外，因为线下经销网点布局较弱，均上线支付功能，收集强意向客户线索，再次进行销售转化。更多的是引流到 App，圈粉、培育客户及用户服务，见表 5-2。

表 5-2　车企电商平台分析

汽车品牌	官网定位	功能模块				
		汽车商城	车型介绍	车主社区	在线支付	品牌宣传
蔚来	车型体验 品牌宣传 引流 App		✓		✓	✓
特斯拉	车型购买 车型体验		✓		✓	✓

续表

汽车品牌		官网定位	功能模块				
			汽车商城	车型介绍	车主社区	在线支付	品牌宣传
	领克	车型购买 车型体验 车主社区 引流 App	√	√	√	√	√

本质上，目前传统汽车电商自建平台，仅作为线索获取的渠道之一，本质上和官网区别不大。

这里有两个典型优秀案例，一个是一汽大众，目前在传统车企电商走得最稳健的企业，甚至超越做电商入行比较早的东风日产，从 FAW 的电商体系布局中，可以明显看到三大核心价值利益链，一是客户体系，包含客户中心、服务体系、建立社交属性；二是经销商参与，这一点虽然没有东风日产做的好，但是明显体现经销商作为传统车企电商重要角色，承接总部资源，利用自身特点，协同运营；三是主机厂全局管理，从政策、运营、数据、服务等多方面支持。作为传统车企，做到这三大核心价值体系满足，就不会动了企业根基，符合传统车企销售模式健康运作。一汽大众电商转型，从汽车销售向客户服务、经销商赋能这两块重点切入。

第二个优秀的案例是领克，临界于传统车企电商和新势力造车模式之间存在，既有大胆的创新，也有传统车企稳健布局的规划。除了上面客户、经销商、主机厂基本布局之外，更加注重客户体验和跨界合作，在客户或会员社会化属性上，深入营销运营，强化粉丝培养、客户忠诚度培养，建立 CO-club，甚至部分涉足跨界营销。中长期来看，这种模式既学习了蔚来模式，又兼顾了传统车企营销管理模式。但是目前强运营没有跟上，投入资源不足，导致粉丝、客户口碑效果还没有像蔚来那样建立起来。创新模式上，首先引入 mini-2S 店的概念，既解决传统车企经销商重资产运营的问题，也参考蔚来 NIO HOUSE 品牌传播、客户粉丝营造提供良好的平台。

以上两个典型很能代表目前汽车电商的前沿水平，但也需要进一步市场验证和考验，仅从传统车企布局层面考虑，当然后端的技术实现、平台规划，用户数据收集、多业务平台打通，客户服务场景应用，大数据精准个性化应用等，实现技术方案均有不同，需要业内数字营销服务代理商共同努力，让整个行业得到实质提升。

2. 汽车电商主要模式

汽车销售行业长期以来都是"厂商强、渠道弱"的格局，与其他行业有很大不同。中高端汽车品牌的主机厂牢牢地把产品供应和 4S 店销售渠道掌控在自己手中。没有一个平台（即使是阿里、天猫或汽车门户网站）能整合主机厂的供应链。基于以上问题，各家公司一直在探索各类汽车电商模式，希望通过电商模式的力量发挥自身资源优势，规避行业劣势。汽车电商的发展从早期的单纯的 O2O 模式，到出现了 C2B、B2C、B2B 等模式。

（1）O2O 模式

O2O（Online to Offline）模式是指将线下的商务机会与互联网结合，让互联网

视频　领克汽车电商模式

成为线下交易的平台。O2O模式打通了线上线下的信息和体验环节，让线下消费者避免了因信息不对称而遭受的"价格蒙蔽"，同时实现线上消费者"售前体验"。线上平台作为线下消费决策的入口，可以汇聚大量有消费需求的消费者，或者引发消费者的线下消费需求。线上平台向消费者提供商铺的详细信息、优惠、便利服务，方便消费者搜索、对比商铺。该模式的关键点在于，平台通过在线的方式吸引消费者，但真正消费的服务或者产品必须由消费者去线下体验，这就对线下服务提出更高的要求，如图5-2所示。

（2）C2B模式

C2B（Customer to Business，即消费者到企业），是互联网经济时代新的商业模式。这一模式改变了原有生产者（企业和机构）和消费者的关系，是一种消费者贡献价值，企业和机构消费价值。C2B模式和我们熟知的供需模式恰恰相反，真正的C2B应该先有消费者需求产生而后有企业生产，即先有消费者提出需求，后有生产企业按需求组织生产。通常情况为消费者根据自身需求定制产品和价格，或主动参与产品设计、生产和定价，产品、价格等彰显消费者的个性化需求，生产企业进行定制化生产。C2B的核心是以消费者为中心，消费者当家做主。站在消费者的角度看，C2B产品应该具有以下特征：相同生产厂家的相同型号的产品无论通过什么终端渠道购买价格都一样，也就是全国人民一个价，渠道不掌握定价权（消费者平等）;C2B产品价格组成结构合理（拒绝暴利）；渠道透明（O2O模式拒绝山寨）；供应链透明（品牌共享）。

C2B运营模式简单地说，就是模拟了消费者线下多家比价的消费场景，由用户在买车网站上主动发起购买需求，多家经销商竞价，给出价格和配送方案。对于消费者来说，从传统的用户需求等待被商品（报价）满足，变为商品尝试着满足用户需求，用户的地位完全从被动转为主动，同时省去了到线下4S店砍价的辛苦；而对于经销商来说，通过这种模式可以获得高精准的成交用户。上汽大通在业内首创的C2B定制模式，核心是用户驱动，如图5-3和图5-4所示。

视频　电商模式中消费者与企业之间的关系

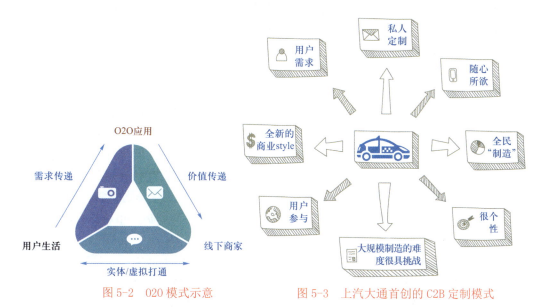

图5-2　O2O模式示意　　　　图5-3　上汽大通首创的C2B定制模式

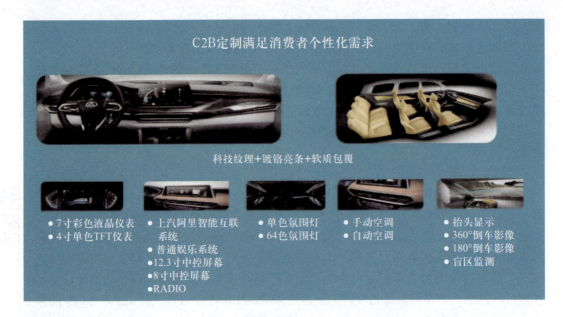

图 5-4　C2B 定制满足个性化需求

（3）B2B 模式

B2B（Business to Business）模式是一种企业与企业之间通过互联网进行产品、服务及信息的交换的营销模式。B2B 模式是电子商务中历史最长、发展最完善的商业模式，能带来利润和回报。这种模式的利润来源于相对低廉的信息成本带来的各种费用的下降，以及供应链和价值链整合的好处。企业间的电子商务成为电子商务的重头，它的应用有通过 EDI 网络连接会员的行业组织，基于业务链的跨行业交易集成组织，网上及时采购和供应营运商。

传统的企业间的交易往往要耗费企业大量的资源和时间，不管是销售、分销或是采购都要占用产品成本。通过 B2B 交易方式，买卖双方能够在网上完成整个业务流程，从建立最初印象，到货比三家，再到讨价还价、签单和交货，最后到客户服务。B2B 模式使企业之间的交易减少许多事务性的工作流程和管理费用，降低了企业的经营成本。网络的便利及延伸性扩大了企业的活动范围，企业发展跨地区跨国界更方便，成本更低廉。B2B 模式不仅仅是建立一个网上的买卖者群体，同时也为企业之间的战略合作提供了基础。任何一家企业，不论它具有多强的技术实力或多好的经营战略，要想单独实现 B2B 模式是完全不可能的。单打独斗的时代已经过去，企业间建立合作联盟逐渐成为发展趋势。网络使得信息通行无阻，企业之间可以通过网络在市场、产品或经营等方面建立互补互惠的合作，形成水平或垂直形式的业务整合，以规模、实力、运作真正达到全球运筹管理的模式。

该模式在降低采购成本、降低库存成本、节省周转时间和扩大市场机会四个方面都具备优势。

降低采购成本方面，企业通过与供应商建立企业间电子商务，实现网上自动采购，可以减少双方为进行交易投入的人力、物力和财力。此外，采购方企业可以通过整合企业内部的采购体系，统一向供应商采购，实现批量采购获取折扣。

降低库存成本方面，企业通过与上游的供应商和下游的顾客建立企业间电子商务系统，实现以销定产，以产定供，实现物流的高效运转和统一，最大限度控制库存。如通过允许顾客网上订货，实现企业业务流程的高效运转，大大降低库存成本。

节省周转时间方面，企业可以通过与供应商和顾客建立统一的电子商务系统，实现企业的供应商与企业的顾客直接沟通和交易，减少周转环节。如波音公司的零配件是从供应商采购的，而这些零配件很大一部分是满足它的顾客航空公司维修飞机时使用。为减少中间的周转环节，波音公司通过建立电子商务网站实现波音公司的供应商与顾客之间的直接沟通，大大减少了零配件的周转时间。

扩大市场机会方面，企业通过与潜在的客户建立网上商务关系，可覆盖原来难以通过传统渠道覆盖的市场，增加企业的市场机会。如通过网上直销，有20%的新客户来自于中小企业，通过与这些企业建立企业间电子商务，大大降低了双方的交易费用，增加了中小企业客户网上采购的利益动力。

B2B的运营模式如下：

① 垂直B2B：垂直B2B（Vertical B2B）可以分为两个方向，即上游和下游。生产商或商业零售商可以与上游的供应商之间形成供货关系。生产商与下游的经销商可以形成销货关系。

② 综合B2B：这种交易模式是将各个行业中相近的交易过程集中到一个场所，为企业的采购方和供应方提供了一个交易的机会。

③ 自建B2B：行业龙头企业自建B2B模式是大型行业龙头企业基于自身的信息化建设程度，搭建以自身产品供应链为核心的行业化电子商务平台。行业龙头企业通过自身的电子商务平台，串联起行业整条产业链，供应链上下游企业通过该平台实现资讯、沟通、交易。

④ 关联行业B2B：该模式是相关行业为了提升电子商务交易平台信息的广泛程度和准确性，整合综合B2B模式和垂直B2B模式而建立起来的跨行业电子商务平台。

B2B模式的应用，可以合理改善汽车制造商和汽车配件生产商之间的商业关系，主要优势在于该模式对配件生产商等上游供应企业进行了高度集成，以此来降低采购成本，提高生产效率。目前各大汽车生产商，特别是国内的汽车生产商，基本上都建立了自己的供应管理系统，该系统在供应资源的合理调配、采购计划的决策制定等方面，都极大地提高了决策效率及决策的效能。

（4）B2C模式

B2C（Business to Consumer，即商对客）是直接面向消费者销售产品和服务商业零售模式。

B2C电子商务网站由三个基本部分组成：为顾客提供在线购物场所的商场网站、负责为客户所购商品进行配送的配送系统、负责顾客身份的确认及货款结算的银行及认证系统。

视频 特斯拉
汽车电商模式

目前看来汽车电商B2C平台的运营者似乎遇到很多迷茫或困境，前不久车风网倒闭，更多的汽车B2C转型B2B平台。汽车电商B2C相比B2B会遇到很多问题：直客用户引流成本高、直客服务线下依赖、线下服务对接成本高、线上到线下转化率低、直客用户留存率低等。

　　汽车电商 B2C 与其他行业 B2C 相比存在诸多硬伤：供应渠道和配送服务都不在自己手中、高单价与对线下网点的高度依赖、营销环节成本高且转化率低。

　　该模式主要用于汽车生产销售商在拓展客户方面，可以通过强化销售服务或终端客户之间的联系，最大化满足消费客户的不同消费需求。该模式被一些汽车生产销售企业所采用，但是由于自身的局限性，不能够成为主流。

　　无论是以上哪种模式，网络汽车销售方式方法必定会随着网络技术的发展而发展。同时，各个汽车生产厂商也会对网络汽车销售的策略进行必要的调整和改进。当前汽车企业主流的销售模式已经开始向完成客户的个性化定制、个性化驾驶体验、全时售后服务方面转变，这些因素也会对网络汽车销售的商业模式产生新的影响。谁能让客户做出决定，谁就掌握了先机，也就在生产商的竞争中掌握了主动权，如图 5-5 所示。

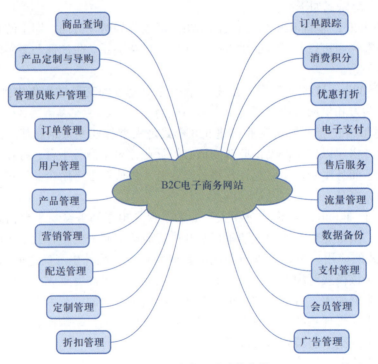

图 5-5　B2C 电商网站功能分类

3. 汽车电商平台代表

　　2013 年被定义为中国汽车电商的元年，汽车电商从雏形逐步发展到一定市场规模。那年汽车之家、易车和搜狐汽车等平台集体发力"双十一"最终完成 240 亿元的订单，百亿交易额的"成绩单"，打响了汽车销售模式变革的第一枪。经过几年的探索，我国汽车电商已经形成了四种经验模式，一些典型的电商平台如下。

　　（1）垂直汽车电商平台

　　代表：汽车之家车商城、易车网、一猫汽车网等，如图 5-6 ～图 5-8 所示。

图 5-6　汽车之家车商城首页

图 5-7　易车网首页

图 5-8　一猫汽车网首页

特点：基本由汽车门户网站的媒体模式转型电商，因此媒体属性强，流量大，潜客比例高，但在车源方面受制于整车厂商。

（2）大型综合 B2C 电商平台

代表：天猫、京东、苏宁易购等，如图 5-9 ～图 5-11 所示。

图 5-9　天猫首页

图 5-10　京东首页

图 5-11　苏宁易购首页

特点：传统 B2C 平台，平台成熟，用户流量大，支付环境熟悉度高，信赖度高，缺点在于线下资源整合不足，用户聚焦能力弱。

（3）厂商和经销商电商自建平台

代表：车享网（上汽）、车巴巴（东风日产）、比亚迪 e 购、庞大集团等，如图 5-12～图 5-15 所示。

图 5-12　车享网首页

图 5-13　车巴巴官网首页

图 5-14　比亚迪 e 购官网首页

图 5-15　庞大集团官网首页

特点：品质有保证，售后服务放心、价格透明准确且优势较大；缺点在于自身品牌限制，线下渠道单一，互联网基因不强，获取用户流量成本高。

（4）汽车融资租赁平台

代表：弹个车、毛豆新车网、优信一成购等，如图 5-16～图 5-18 所示。

图 5-16　弹个车官网首页

图 5-17　毛豆新车网首页

图 5-18　优信一成购首页

特点：车型相对较少，以租代购模式，广告推广巨大，以汽车金融为主要盈利点。

4. 汽车电商的发展变革

2013 年以来，汽车电商一路挣扎，踩坑无数：困惑、迷茫、裁员、倒闭、转型、升级……行业前景很美，但过程坎坷无比。

（1）汽车电商 1.0 时代：以信息导流为本质的汽车电商（收集销售线索）

早期的汽车电商模式，基本是类似淘宝的传统模式，以做平台为主，让汽车经销商到平台开店，将产品放平台上展示。比如主机厂或者汽车经销商将汽车放天猫、京东传统的 B2C 平台上销售，通过互联网平台进行促销，实际效果并不好。

电商的核心信息透明和价格透明，并能一口价成交。当时的汽车电商报价，并未能做到这一点，平台通过报"厂商指导价"吸引客流，最终将客户引到 4S 店成交。

电商平台没有报价能力，一是传统汽车经销模式根深蒂固，汽车经销商不希望因为价格过于透明，丧失自身议价能力，压缩利润空间；二是这个时期的汽车电商定位为汽车交易服务平台，并未意识到汽车高消费低频次的特性，决定其并不能像传统电商一样，进行简单的撮合交易；另一方面，传统汽车销售模式，不同区域、不同时期的车型售价也有差异。这样网上报价不仅变得复杂，而且并不是真实报价，最终成效可想而知。

事实证明，汽车电商 1.0 时代，以导流为本质的汽车电商，并没有为汽车厂商带来实际上的增量，且无法完成全部交易环节，具体的价格谈判仍需在经销商处完成，被称为"伪电商"，如图 5-19 所示。

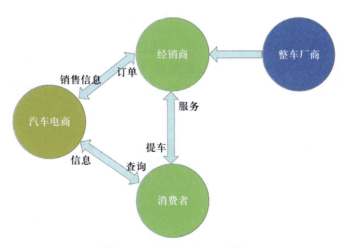

图 5-19　汽车电商 1.0 时代

（2）汽车电商 2.0 时代：线上销售，线下提车

对于交易环节的弱关系，是汽车电商 1.0 时代的死结。鉴于 1.0 时代不能控制车源和定价的弊病，汽车电商平台与整车厂合作推出 B2C 模式，如汽车之家和易车商城的一口价。消费者通过线上完成支付，线下交易无需支付任何费用，4S 店交易过程被简单化和透明化。

实现线上交易行为和大数据精准营销是汽车电商 2.0 时代的核心标志，汽车电商开始迈入解决交易流的阶段。在 2.0 探索的路上，许多汽车电商以直营模式切入，但困难重重。自营线下服务需要大量的资本投入和长时间的积累，但事实证明，如今的汽车电商平台不擅长。2016 年汽车之家和易车分别放弃自营电商业务，表明直营模式在汽车电商领域的折戟。但直营模式是否真的走不通，此时下结论还有些太早。这个时期，随着几大电商平台商业模式愈发成熟，线上已经开始带来汽车销量的分流。

5.汽车新零售：汽车电商真正的"模样"

2016 年 10 月的阿里云栖大会上，马云在演讲中第一次提出了新零售，"未来的十年、二十年，没有电子商务这一说，只有新零售。"马云认为："消费者、货物、供应链、物流"的整合，线上和线下的结合是未来的趋势，如图 5-20 所示。

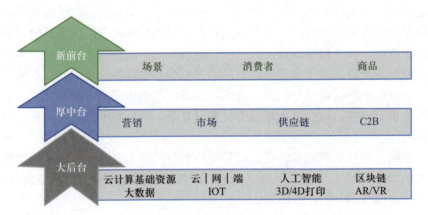

图 5-20　新技术重新定义新零售架构

"新零售"是指企业以互联网为依托，通过运用大数据、人工智能等先进技术手段，对商品的生产、流通与销售过程进行升级改造，进而重塑业态结构与生态圈，并对线上服务、线下体验以及现代物流进行深度融合的零售新模式，如图 5-21 所示。

图 5-21　汽车新零售重构人、货和场

汽车新零售下的汽车电商基于自身互联网科技的属性，在购车、销售、建店、配送上发力，开始构建汽车的新零售格局。由单纯的新车销售，上升到将新车销售、二手车销售、零配件采购、维修保养及汽车金融贷款合为一体，线上线下整合。从单纯的新车销售覆盖整个广义的汽车后市场，从简单的销售环节打通整个消费链，如图 5-22 和图 5-23 所示。

图 5-22　新技术重塑新业态

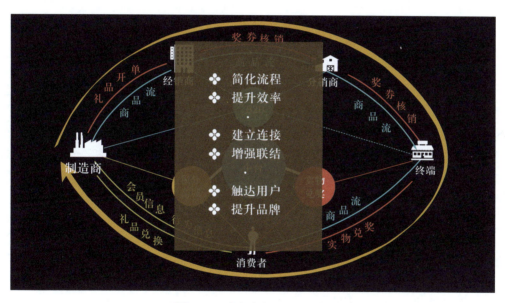

图 5-23　汽车电商新零售模式

6. 汽车电商的风险控制

汽车电商的风险控制是一个动态的过程，这里主要从消费观念、网络支付、企业认同和政策法律方面进行探讨。

（1）消费观念方面

伴随着我国经济总量的不断提升，人民群众的消费理念在不断升级。但是，要清醒地认识到，我国目前的发展中国家地位还没有改变，人民群众的消费观念并没有从根本上发生质的变化。对于汽车这样的大件消费品，消费者还是会秉承传统的消费观念，对大件商品，处于相对保守的消费心态，通过网络就完成消费的时机和条件目前还不够成熟。

（2）网络支付方面

我国目前对于社会信用体系建设起步较晚，还没有全面建立高效实用的社会信用体系。虽然在移动支付方面，我们走在了世界前列，有着相当成熟的运营经验。但是对于消费来讲，网络支付大件商品的技术层面还有很多问题需要加以解决。比如消费支付保护、诈骗追查、支付信息加密等方面都有不少技术瓶颈，如图5-24所示。

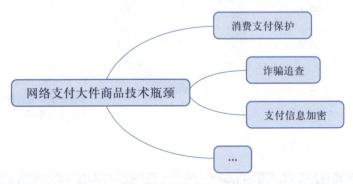

图5-24　网络支付方面风险

（3）企业认同方面

不少国内企业特别是汽车生产销售企业，都在网络销售模式上进行了探索和尝试，但是并不意味着所有的汽车企业都进入了电商时代。可以看到，不少汽车企业虽然在网络销售模式上做出了不少成绩，但从营销模式上看，只是在网络上进行了汽车销售的宣传，或者是在企业门户网站上进行了部分互联网销售模式的尝试。电商模式的重点，是通过电子化手段，实现商务模式的更新换代，进而达到资源整合，提高效能的目的。

（4）政策法律方面

由于法制建设进度的相对滞后性，我国虽然近年来加大了经济特别是消费相关法律法规的建立和实施，但是制定用于传统意义上消费的法律在面对网络销售模式时，适用性会受到诸多因素的影响。特别是牵扯到网络安全、专利保护、电子金融等方面，相关的法律配套性还不够。

7. 汽车电商的基本策略

汽车电商的基本策略包括以下几个方面：一是加强汽车电商模式的宣传。要通过多种方式，升级更新消费者的消费观念，通过多种宣传手段，帮助消费者建立电商消费观念，这是汽车电商模式成功的基础。二是加强网络建设。无论是国外还是国内，汽车厂商都应该注重网络建设，为电子商务提供网络基础。特别是与潜在客户的网络沟通，直接关系到销售商的销售业绩。三是尽量争取政策扶持。汽车电商模式的推广应用，不仅仅是汽车生产销售商一方就能完成，离不开政府给予的政策支持。目前，国家电子商务相关标准和政策也在不断地完善，汽车销售企业应当及时抓住这些有利机会，争取最多的政策扶持。四是搞好售后服务。汽车定期保养的特征，决定了消费的长期性。这使得汽车消费

视频　汽车电商的策略性发展

者与生产销售商必须建立长期的消费关系。在电商模式下，销售商与消费者的联系更加紧密频繁，只有搞好售后服务，才能提高服务效率，降低运营成本，如图 5-25 所示。

图 5-25　汽车电商的基本策略

【任务小结】

1. 收集国内汽车企业电商模式的相关资料，了解现有电商模式、典型电商平台及企业电商运营情况。

2. 收集国内汽车电商汽车销量及行业分析资料，了解汽车电商的发展趋势。

3. 拓展阅读。部分汽车电商相关公众号：

汽车之家，车享，毛豆新车网。车巴巴，比亚迪 e 购，庞大集团，车享网，一猫汽车网。易车网，汽车之家，优信二手车。

【课后练习】

详见智慧职教数字课程。

链接　各类汽车类网站

工学任务二　熟悉共享汽车分时租赁

PPT　共享汽车分时租赁

微课　共享汽车分时租赁

【学习目标】

1. 素质目标

（1）爱国守法、崇德向善、诚实守信。

（2）爱岗敬业、积极进取、团结协作。

（3）热爱劳动、沟通流畅、勇于创新。

（4）精益求精、工匠精神、7S 管理。

2. 知识目标

（1）认识国内常见主流共享汽车公司。

（2）认识国内常见共享租赁汽车的发展现状与前景。

（3）熟悉国内共享分时租赁汽车的发展历史与企业文化。

3. 能力目标

（1）掌握通过网络收集国内汽车公司的相关信息的能力。

（2）掌握对收集到的信息进行分析，熟悉企业文化及发展战略的能力。

【任务导入】

　　鼓励分时租赁汽车发展，并针对运营企业、用户都提出了相应的监管要求以及鼓励政策。分时租赁也称为汽车共享，是以分钟或小时等为计价单位，使用 9 座及以下小型客车，利用移动互联网、全球定位等信息技术构建网络服务平台，为用户提供自助式车辆预订、车辆取还、费用结算为主要方式的汽车租赁服务，是传统汽车租赁业在服务模式、技术、管理上的创新，改善了用户体验，为城市出行提供了一种新的选择，有助于减少个人购车意愿，一定程度上缓解城市私人小汽车保有量快速增长趋势以及对道路和停车资源的占用。

——《关于促进汽车租赁业健康发展的指导意见（征求意见稿）》

学习感悟

【课堂活动】

　　以 4～6 人为一个小组，分组收集国内汽车公司（各组收集不同的汽车公司）的相关资料，讨论后填入工单中。

实 训 工 单

1. 资料收集	
目标公司的基本情况	

2. 分组讨论	
目标公司的共享租赁方案	
目标公司的企业文化	

3. 资料拓展	
目标公司发展现状	

【相关资讯】

1. 导言

互联网的出现改变了人们原有的出行方式，人们出行方式不断发生改变，也向优质的体验发展，人们选择方式也越来越多，满足了不同人群的出行需求。分时租赁的出现满足了用户 10～50 km 的出行，相较公交、地铁舒适又实惠。在一定程度上缓解城市私人汽车的增长，及对道路资源的占用。

汽车分时租赁行业缺口较多，用户需求不断上涨，未来发展空间广阔。目前我国有驾驶证无车的人群近 2 亿，而这群人有用车需求但无驾驶体验，分时租赁汽车满足了这部分人的需求。同时，很多一二线城市限行限购政策使车辆资源吃紧，人口流量持续激增，导致当下交通出行服务无法满足大众出行需求，缺口正越来越大。汽车分时租赁的出现缓解了这个痛点。

未来几年，受益于平台大数据运营模型的优化，电动车成本持续降低，以及行业与 5G 车联网、无人驾驶技术的结合，分时租赁在运营效率和盈利模式上有望获得新突破。

（1）共享经济保持高速增长态势

2018 年中国共享经济交易规模 29 240 亿元，同比增长 41.6%，保持高速增长态势。其中，共享出行规模为 2 478 亿元，对比 2017 年实现了 23.5% 的增长，规模仅次于生活服务、生产能力，位居共享经济市场交易规模第三，汽车共享出行是共享出行的重要组成部分（图 5-26）。

图 5-26　中国共享经济分领域交易规模

全球共享经济公司迎来上市潮。Uber、Lyft 已在 2019 年上半年上市，WeWork、Airbnb 也计划于 2020 年上市；另外，部分共享经济公司已实现盈利，比如共享住宿代表 Airbnb 连续二年实现盈利，见表 5-3。

表 5-3　全球共享经济代表估值 / 市值

公司	所属领域	市值 / 估值
Uber	共享出行	670 亿美元
WeWork	共享办公	470 亿美元
Airbnb	共享住宿	310 亿美元
Etsy	共享物品	76 亿美元
Lime	共享出行	24 亿美元
知乎	共享知识	25 亿美元
Eatwith	共享餐饮	被并购

（2）汽车共享出行服务业态进一步丰富

汽车共享出行服务结合线上与线下，能够帮助用户通过互联网即时呼叫或预约点到点的汽车出行服务 / 车辆，汽车共享出行服务的业态可以细分为网约车（快车、专车等）、分时租赁、线上租车、无人驾驶出行等类型，见表 5-4。

表 5-4　不同汽车出行服务对比

业态	网约车	分时租赁	线上租车	无人驾驶出行
模式	C2C、B2C、B2B2C	B2C、C2C	B2C	B2C
发展阶段	相对成熟	发展初期	相对成熟	有限范围试商用
代表企业				
使用形式	招募私家车主、雇佣司机	用户自驾	用户自驾	无人驾驶

续表

业态	网约车	分时租赁	线上租车	无人驾驶出行
资产模式	轻资产(C2C)，重资产(B2C)	重资产为主，尝试轻资产	重资产	重资产
平台收入	平台抽成、运营收入	运营收入	运营收入	运营收入
优势	海量用户与数据积累	用户和车辆同步运营经验	车辆和网点运营能力积累	提升出行效率和车辆使用率

2. 中国分时租赁行业发展环境

（1）分时租赁的用户基础

有驾驶证无车人群的持续增加，为分时租赁市场提供规模化用户基础。

城市车辆限牌行为成为趋势：2018 年，我国已有北京、郑州等 19 个城市实施车辆限行政策。此外相比于 2013 年我国仅有 3 座城市实施限牌，目前我国车辆限牌地区已有北京、上海、深圳、广州、天津、石家庄、贵阳以及杭州 8 座城市及海南全省。

有本无车群体持续增加，增速高于汽车销量：近五年我国有本无车人群快速增加，截至 2018 年该群体上涨至 1.8 亿。但我国汽车销量在 2018 年不增反降，驾驶人数量仍然保持增长，为分时租赁市场提供规模化用户基础，如图 5-27 和图 5-28 所示。

动画 汽车分时租赁发展到现在的展示

图 5-27　2015—2018 年私家车保有量及驾驶人数量分析

图 5-28　2015—2018 年汽车销量与驾驶人数量对比

（2）汽车分时租赁平衡成本和体验

分时租赁相较公共交通、网约车及出租车，拥有明显的性价比优势，出行距离 40 km 时，出租车价格是分时租赁价格的 4.58 倍，且出行里程越长分时租赁价格优势越明显。

分时租赁相较私家车更具成本优势，有望逐步替代部分买车需求。Analysys 易观分析，每日出行里程小于 50 km 时，分时租赁出行每千米成本明显低于私家车。而参考美国统计的居民日均出行距离约 5 km，大半中国城市人群每日通勤总里程不会超过 50 km。随着分时租赁体验的提升，使用分时租赁代替车辆购买可能成为未来趋势，如图 5-29 和图 5-30 所示。

视频　汽车分时租赁与网约车、出租车的价格比对

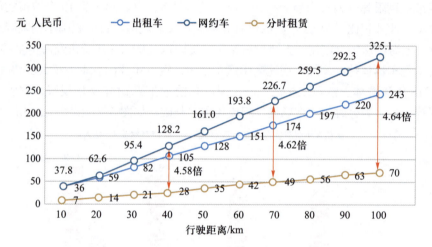

图 5-29　分时租赁与网约车、出租车价格对比

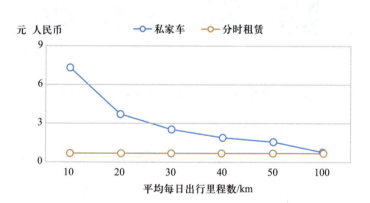

图 5-30　私家车与分时租赁每千米成本分析

（3）"四化"重塑汽车产业价值链

以电动化、钢铁化、智能化、共享化为汽车"四化"标杆的产业价值链已经初具雏形，如图 5-31 所示。

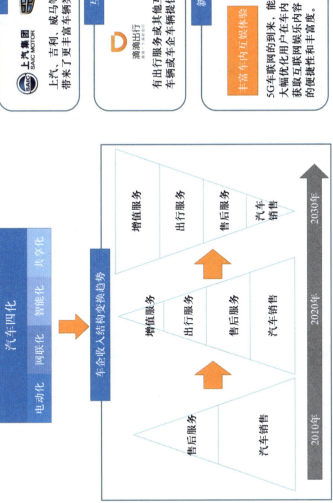

图 5-31 汽车"四化"产业价值链

（4）政策支持

① 面向分时租赁平台。全国鼓励新能源分时租赁：交通运输部 2017 年出台《关于促进小微型客车租赁健康发展的指导意见》，明确提出"鼓励使用新能源车辆开展分时租赁"。分时赁平台运营补贴政策：上海、广东、湖南、安徽均出台政策对分时租赁平台运营费用进行补贴。如上海在《关于本市促进新能源汽车分时租赁业发展的指导意见》中提出，2017—2018 年对纯电动车分时租赁给予 30% 运营补贴。分时租赁服务网点数量指标：上海计划 2020 年底实现新能源分时租赁网点超过 6 000 个，成都计划 2020 年底全市建成 5 000 个分时租赁服务网点，以具体发展指标促进分时租赁业务发展。

分时租赁平台押金政策：2019 年 5 月，交通运输部等印发《交通运输新业态用户资金管理办法（试行）》，规定汽车分时租赁的单份押金金额不得超过运营车辆平均单车成本价格的 2%。

② 面向上游新能源车企。2017 年 8 月《乘用车企业平均燃料消耗与新能源汽车积分并行管理办法》发布。2019 年、2020 年新能源汽车积分比例要求分别为 10%、12%，促进车企生产新能源汽车，推动新能源汽车产业发展。新能源补贴退坡：2019 年新能源汽车购置补贴平均退坡 50%，2020 年底补贴将彻底退出，企业自身盈利能力成为发展关键。2018 年 6 月，国家发改委、商务部联合发布《外商投资准入特别管理措施（负面清单）（2018 年版）》，取消专用车、新能源汽车整车制造外资股比限制，该政策将拓宽车企融资渠道，加速车企市场化国际化发展进程。

③ 面向下游基础设施建设。国家发改委：2015 年 10 月的《电动汽车充电基础设施发展指南（2015—2020 年）》对 2020 年充电基础设施的规划为，到 2020 年建成 480 万个分散式充电桩，包括居民小区的私人充电桩 280 万个、单位内部停车场专用充电桩 150 万个和分散式公共充电桩 50 万个，以满足超过 500 万辆电动汽车的充电需要。国家能源局：《2018 年能源工作指导意见》指出，2018 年内计划建成充电桩 60 万个，其中公共充电桩 10 万个，私人充电桩 50 万个。国务院：2018 年 7 月出台《打赢蓝天保卫战三年行动计划》，计划 2020 年底前，在重点直辖市，省会城市等地建设集中式充电桩和快速充电桩。发改委：2018 年 11 月发《提升新能汽车充电保障能力行动计划》，提出力争用 3 年时间提升充电技术水平，满足"一车一桩"接电需求。

（5）资本对分时租赁行业关注热度降低

分时租赁行业曾受到资本持续关注，并于 2017 年整体投资金额爆发式增长。2018 年，即使在资本寒冬期，分时租赁行业融资金额与融资笔数与 2017 年基本持平，但通过融资轮次来看，B 轮及 B 轮以后投资占比扩大，投资后移趋势明显，资本更加青睐经过市场验证、运营模式成熟的企业。而 2019 年，投资开始冷却，截止 2019 年 5 月，仅"立刻出行"一家完成融资，融资额为千万美元级别。

　　分时租赁行业在资本的加持下度过了探索期，行业和资本趋于理性，开始聚焦于服务本身的优化。经过深度整合和经营优化后，头部平台有望在下半年再度受到资本青睐，如图 5-32 和图 5-33 所示。

图 5-32　2015—2018 年分时租赁融资金额

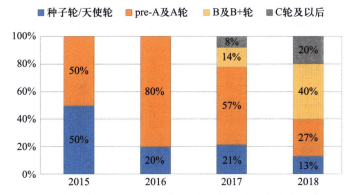

图 5-33　2015—2018 年分时租赁融资轮次分布

3. 中国分时租赁行业发展现状

（1）分时租赁 2020 年回归良性扩张

中国分时租赁发展进入第 9 个发展年份，随着新能源补贴等政策的调整和行业竞争的加剧，中小平台纷纷出局，5 月底全球范围代表性的分时租赁品牌之一 Car2go 也宣布退出中国。Analysys 易观分析认为，过去 8 年分时租赁市场度过了混沌的探索期，分时租赁平台没有很好地解决成本高企、车辆空置率高的问题。2018 年下半年大量中小平台被淘汰；其认为，通过业务和数据积累选代出优经营方法与调控算法的公司更易生存，加上分时租赁平台探索与无人驾驶 5G 车辆网技术的结合，分时租赁在运营效率和商业模式上可能有较大突破，预计行业将在 2020 年迎来新轮增长，如图 5-34 所示。

动画　我国的分时租赁行业发展现状

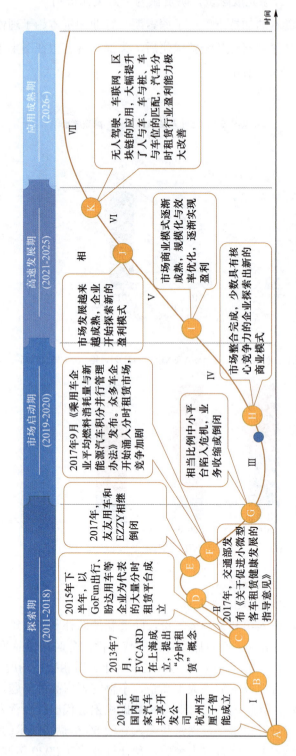

图5-34 2019年中国互联网汽车分时租赁市场 AMC 模型

（2）巨头围绕用户需求入局，从图 5-35 和图 5-36 可以看出这一现状。

图 5-35 分时租赁企业现状及运营模式

图 5-36 出行方式组成关系

（3）分时租赁平台与上下游合作

2017 年起，分时租赁平台就尝试联合上下游公司，打造一体化的服务体系。而在 2018 年和 2019 年上半年，合作的广度和深度都进一步延伸，分时租赁平台和主机厂、金融平台、二手车平台等之间的战略合作不断增多。

分时租赁与上下游企业的合作，首先能够通过与合作伙伴资源互补，既可以有效降低在不擅长领域的投资，又能将重心放在优化核心服务之上；其次，分时租赁平台通过与充电、停车等企业合作，能够推动用户用车的无缝体验，如图 5-37 所示。

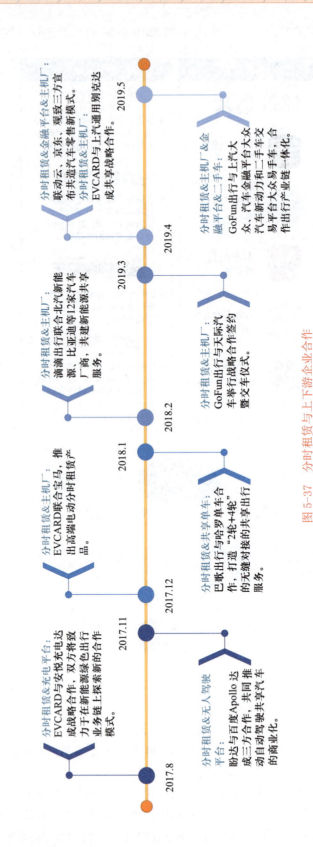

图5-37　分时租赁与上下游企业合作

（4）分时租赁拓展商业模式

分时租赁平台通过扩展服务类型，或者加强与母公司业务协同，探索生态竞争力与更多盈利方向。如 GoFun、EVCARD 将业务扩展到长租／租车领域等。摩范出行尝试物流车；联动云将业务延伸到整车、金融、后市场等领域。滴滴与车和家成立合资公司。为共享出行场景生产定制智能电动车，如图 5-38 所示。

	整车	分时租赁	网约车	线上租车	物流车	金融	后市场
滴滴出行	◐	●	●	●		●	●
EVCARD SAIC	●	●	●		●	●	●
GoFun 首汽共享汽车		●	●	●			
LD B宝能	●	●	●			●	●
摩范 MOREFUN 北汽集团	●	●	●	●	●		

注：● 表示分时租赁平台或母公司主导　◐ 表示联合其他公司布局

图 5-38　分时租赁商业模式

（5）分时租赁行业三大痛点

① 车辆成本高。车辆购置需花费大量资金：分时租赁平台购置车辆需要花费大量资金，决定了重资产的运营模式。另外，行业处于发展初期，分时租赁车辆每日运营时间较短，空置时间较长。充电／加油等成本较高：由于基础设施不完善和技术限制，平台方为车辆加油、充电花费成本较高。另外，平台方还需要承担车辆的保险等费用。围绕车辆成本行业不断探索。

a. 动力电池成本下降。电池成本以每年超过 20% 的速度下降。电池成本占电动车整车成本的 30%～50%，电池成本的降低将能够明显降低车辆成本。预计到 2025年，电动车总体拥有成本将会低于燃油车。电池技术的进步，推动电池成本降低和电动车续航里程增加。高续航减轻了用户的里程焦虑，同时有助于分时租赁车辆成本和运营成本的优化，如图 5-39 和图 5-40 所示。

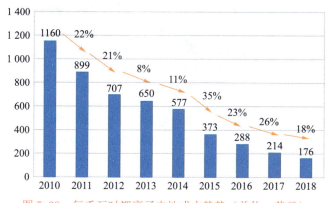

图 5-39　每千瓦时锂离子电池成本趋势（单位：美元）

图 5-40　中国动力电池出货量

　　b. 充电更便捷，成本更低。中国公共充电桩显著增加，优化了电动车的使用成本和体验。2019 年 6 月，我国公共充电桩已增长至 41.2 万个，预计 2019 年公共充电桩数量将超过 80 万个。中国已建立起覆盖 19 个省份"九横九纵两环"高速快充网络，我国在省与省之间、城与城之间的高速公路上也建造大充电桩，以满足电动汽车跨城出行需要。根据《电动汽车充电基础设施发展指南（2015-2020 年）》规划，我国将在 2020 年前建设起"四纵四横"的城际快充网络。截至 2018 年 12 月，国网公司已经建成了以"九纵九横两环"高速公路为骨干网架的高速公路快充网络，覆盖了北京、上海、山东、江苏等 19 个省市，如图 5-41 所示。

图 5-41　中国公共充电桩保有量（万个）

　　② 运营成本高。运营链条较长：平台方承担车辆运营的所有环节，需要配备人员定期或不定期挪车、加油、充电、清洁、保养车辆。停车网点成本高：分时租赁停车网点需兼顾中心区域和城市边缘，网点分布的数量和合理性是平台效率和用户体验的核心影响要素，但在热门商圈和办公区域，停车成本高。部分城市受政策影响较大：车

辆在部分一二线城市受牌照、车辆限行等政策影响，围绕运营成本，行业不断提升效率。

　　a. 覆盖城市进一步扩大。较早进入行业的头部平台经过 2017H2-018H1 的城市高速扩张期后，开城速度下降，GoFun 出行、EVCARD 城市数量领先行业，联动云、滴滴等新的参与者保持了较快的拓城速度。行业回归理性增长的主要表现是，分时租赁平台开始注重新开城市的有效性，新开城市的需求规模，以及能否平移此前城市的运营经验，是分时租赁平台拓城的两个重要考量因素，如图 5-42 所示。

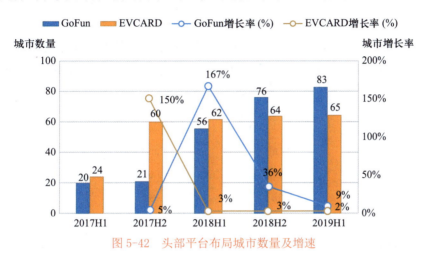

图 5-42　头部平台布局城市数量及增速

　　b. 分时租赁扩展运营场景。分时租赁平台不断丰富运营场景，并加强了特定场景的投放。如路线起终点在机场、火车站等交通枢纽的用车需求，自驾游的需求等。分时租赁平台还加强了在不同时间段用车的配给，有效降低车辆的空置率。如多个平台重视早晚高峰用车，因为早晚高峰用车是城市用车最高频的时间段，并且路线起终点固定，适于车辆管理。平台还匹配假日、夜间特殊时段的用车需求，如图 5-43 所示。

图 5-43　分时租赁平台不断丰富细分场景

　　c. 丰富停车网点和单城车辆数,提升用车体验。分时租赁行业为重资产运营,盲目拓展城市会为企业带来较大资金压力,因此头部平台初步实现规模化后减慢城市扩张,注重在已有城市业务的精细化运营,平台的精细化运营一般通过优化大数据匹配模型、丰富停车充电网点、提升车辆维保能力等方面展开,其中停车网点是基础与关键的运营保障。2018 年起,头部平台车均服务网点数持续增加,EVCARD、Gofun 出行拥有的车位数都超过了车辆数,单车拥有车位数分别达到132、123 个,高密度的服务网点可使用户用车还车更为便捷,减少出行目的地与还车点之间的距离,进一步缩小分时租赁与出租车出行在便捷度上的差距,对于分时租赁平台来说,可提升网点间车辆调度灵活性,降低调度成本,见表 5-5。

表 5-5　三大平台对比

	EVCARD	GoFun 出行	摩范出行
运营车辆数	50 000+	30 000+	27 000
覆盖城市	65	84	48
停车网点数	13 000	10 000	6 000
停车位数量	52 346	36 795	30 000
单城车辆数	781	357	563
单城网点数	203	119	125
单车车位数	1.31	1.23	1.11

　　d. 自动驾驶有望未来两年局部落地商用。自动驾驶技术有望在 2019 年下半年或2020 年在分时租赁的“最后一公里”得到应用尝试。Analysys 易观分析认为,对于用户来说,自动驾驶能够破解分时租赁中找车、换车的痛点,能够让约车和换车的体验得到大幅提升;平台运营方也有望和合作方联合实现远程挪车或自动充电,降低运营成本,如图 5-44 所示。

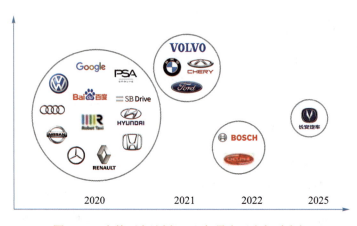

图 5-44　多数厂商计划 2020 年量产无人驾驶车辆

③ 用户培养难。用户迁移需要周期：用户从传统的用车习惯转移到分时租赁需要时间，平台方需要花费巨资，用户培养难。用户行为规范需要时间：用户初期使用车辆存在较多不规范的行为，造成车辆容易损坏、停放不规范、车内环境不清洁等现象。围绕用户运营体验不断优化。

a. 分时租赁平台用户数逐月增长。中国分时租赁平台月活用户数量在 2019 年过去的 4 个月实现了较好的增长，增长率由 2 月的 0.68% 上升到 5 月的 9.05%，证明分时租赁平台正在度过行业整合和押金问题的负面影响。GoFun 出行的活跃人数是 169.94 万，EVCARD 活跃用户数是 102.59 万，如图 5-45 和图 5-46 所示。

图 5-45　中国分时租赁平台月活用户数量

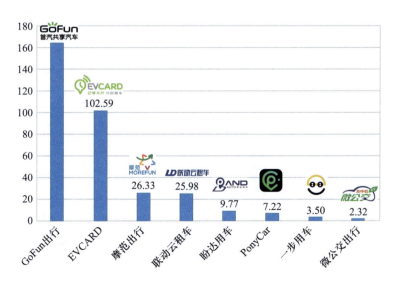

图 5-46　2019 年 5 月分时租赁主流平台活跃人数（单位：万）

b. 分时租赁平台忠诚度提升。中国分时租赁平台用户粘性增加：中国分时租赁平台用户使用总时长在过去的 4 个月实现了较好的增长，尤其是在 2019 年 4 月、5 月分别实现了 21% 和 16% 的增长，进入 2019 年人均月度使用时长也持续增长，2019 年 5 月人均月度使用时长达到 1.67 h；人均单日使用时长方面，EVCARD、微公交出行、摩范出行位居前三，使用时长分别为 14.16 min、14.12 min、13.12 min，如图 5-47～图 5-49 所示。

图 5-47　中国分时租赁平台用户使用总时长

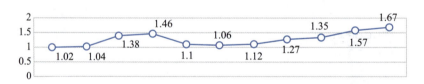

图 5-48　分时租赁平台人均单日使用时长 TOP5（min）

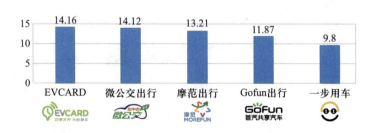

图 5-49　中国分时租赁平台人均月度使用时长（h）

c. 分时租赁用户分布，如图 5-50 所示。

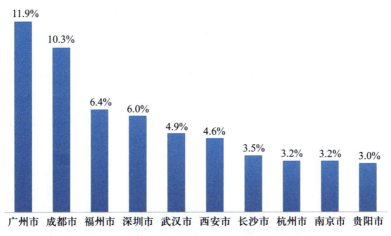

图 5-50　2019 年 5 月分时租赁城市活跃用户 TOP10

4. 中国未来分时租赁发展趋势

（1）分时租赁车辆成本持续降低

受益于电池价格的持续降低、电能成本优势、购置税及双积分等方面的因素，电动汽车即将在分时租赁场景展现出成本优势。经过测算，A 级电动汽车总体拥有成本将在 2025 年低于 A 级燃油车；当行驶里程超过 5 万 km 时，电动车的成本低于燃油车，如图 5-51 和图 5-52 所示。

图 5-51　A 级纯电动和燃油车拥有成本趋势（万元）

图 5-52　总体拥有成本与行驶里程敏感性分析（万元）

（2）新技术为分时租赁平台提供更多可能

无人驾驶技术的进步和传感器价格的快速下降，正在拉近无人驾驶的商用时间。目前已有超过 60 家无人驾驶公司在美国加州路测，超过 10 家公司计划在 2020 年产无人驾驶车辆。Analysys 易观分析认为，无人驾驶将率先在工业园区、旅游区、校园等限定场景商用，并且大幅削减分时租赁运营成本。

5G 在 2019 年试商用，2020 年正式商用，推动车联网快速发展。车联网和无人驾驶将重塑汽车和出行行业，推动汽车成为智能消费空间，汽车将实时连接海量的互联网内容和线下服务，为出行服务商能够探索的重要盈利方向。未来，分时租赁公司可通过更深度的车辆定制，提早抢占无人驾驶出行服务，并通过控制车辆的入口地位探索新的盈利方向，如图 5-53 所示。

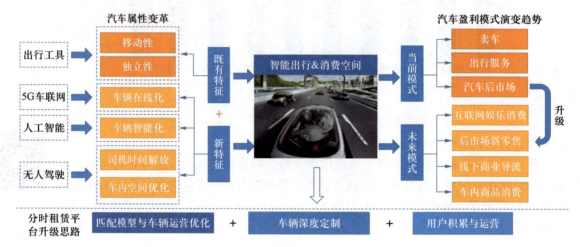

图 5-53　分时租赁平台升级思路

【任务小结】

1. 收集国内汽车企业的相关资料，了解其车型、车标及企业文化。
2. 收集国内共享分时租赁汽车发展现状及行业分析资料，了解汽车企业的发展战略。
3. 拓展阅读。EVCARD 官网，Go Fun 官网，盼达汽车官网，IGO 共享汽车公众号。

【课程练习】

详见智慧职教数字课程。

链接　部分分时租赁企业网站

工学任务三　熟悉智能网联汽车

【学习目标】

1. 素质目标

（1）爱国守法、崇德向善、诚实守信。

（2）爱岗敬业、积极进取、团结协作。

（3）热爱劳动、沟通流畅、勇于创新。

（4）精益求精、工匠精神、7S 管理

2. 知识目标

（1）认识国内常见主流汽车公司及品牌。

（2）认识国内常见汽车公司的主要智能网联车型。

（3）熟悉国内智能网联汽车的发展历史与企业文化。

3. 能力目标

（1）掌握通过网络收集国内汽车公司的相关信息的能力。

（2）掌握对收集到的信息进行分析，熟悉企业文化及发展战略的能力。

PPT　智能网联汽车

微课　智能网联汽车

【课程思政】

国内第一家民营造车企业、发布中国第一款跑车的自主品牌、自主研发国内第一款自动变速器、第一个实现收购老牌豪华汽车品牌的中国车企……吉利创造了中国车史上多个"第一"。可是谁能想到，当初这个名不见经传的民营小企业，在群雄林立的汽车市场仅仅用了 20 年时间，便成长为覆盖 100 多个国家 4 000 家销售网点的大型汽车集团。

从白手起家到全球 500 强，从单一品牌到跨国车企，从筚路蓝缕到举世瞩目，吉利的造车路，是一部改革开放后民营企业的成长变迁史。这 30 余年的发展，对于一家民营车企而言，是令人肃然起敬的。而吉利的传奇之路还在继续……

未来，吉利汽车将秉承"总体跟随，局部超越。重点突破，招贤纳士，合纵连横，后来居上"的总体发展战略方向，保持战略定力，坚定技术自信、产品自信、品牌自信和文化自信，提升核心技术能力，引领品牌向上，不断增强全球化体系化竞争能力，持续推动企业健康、稳定、高质量发展。

——《大国品牌 民企典范——〈中国车企名录〉之吉利》

学习感悟

【课堂活动】

以 4～6 人为一个小组，分组收集国内汽车公司（各组收集不同的汽车公司）的相关资料，讨论后填入工单中。

实 训 工 单

1. 资料收集	
目标公司的基本情况	
2. 分组讨论	
目标公司的智能网联车型	
目标公司的企业文化	
3. 资料拓展	
目标公司主要品牌的车标	

【相关知识】

1. 智能网联车定义及分级

智能网联汽车是新一轮科技革命背景下的新兴产物，代表着汽车行业的未来发展方向，根据《国家车联网产业标准体系建设指南》对智能网联汽车定义：智能网联汽车是指搭载先进的车载传感器、控制器、执行器等装置，并融合现代通信与网络技术，实现车与 X（人、车、路、云端等）智能信息交换、共享，具备复杂环境感知、智能决策、协同控制等功能，可实现"安全、高效、舒适、节能"行驶，并最终可实现替代人来操作的新一代汽车。

智能网联汽车可以提供更安全、更舒适、更节能、更环保的驾驶方式和交通出行综合解决方案，是城市智能交通系统的重要环节，是构建绿色汽车社会的核心要素，其意义不仅在于汽车产品与技术的升级，更有可能带来汽车及相关产业生态化和价值链体系的重塑。

根据我国《智能网联汽车技术路线图》的解释，智能网联汽车具有两个层面：一是智能化，二是网联化。在智能化层面，汽车配备了多种传感器（摄像头、超声波雷达、毫米波雷达、激光雷达），实现对周围环境的自主感知，通过一系列传感器信息识别和决策操作，汽车按照预定控制算法的速度与预设定交通路线规划的寻径轨迹行驶。在网联化层面，车辆采用新一代移动通信技术（LTE-V、5G等），实现车辆位置信息、车速信息、外部信息等车辆信息之间的交互，并由控制器进行计算，通过决策模块计算后控制车辆按照预先设定的指令行驶，进一步增强车辆的智能化程度和自动驾驶能力。

（1）网联化等级

网联化等级见表5-6。

表5-6　网联化等级

网联化等级	等级名称	等级定义	控制	典型信息	传输需求
1	网联辅助信息交互	基于车-路、车-后台通信，实现导航等辅助信息的获取以及车辆行驶与驾驶人操作等数据的上传	人	地图、交通流量、交通标志、油耗、里程等信息	传输实时性可靠性要求较低
2	网联协同感知	基于车-车、车-路、车-后台通信，实时获取车辆周边交通环境信息，与车载传感器的感知信息融合，作为自车决策与控制系统的输入	人与系统	周边车辆、行人、非机动车位置、信号灯相位、道路预警等信息	传输实时性可靠性要求较高
3	网联协同决策与控制	基于车-车、车-路车-人、车-后台通信，实时并可靠获取车辆周边交通环境信息及车辆决策信息，车-车、车-路等各交通参与者之间信息进行交互融合，形成车-车、车-路等各交通参与者之间的协同决策与控制	人与系统	车-车、车-路间的协同控制信息	传输实时性可靠性要求最高

（2）智能化等级

智能化等级见表5-7。

表5-7　智能化等级

智能化	等级名称	等级定义	控制	监视	失效应对	典型工况
		人监控驾驶环节				
1	驾驶辅助（DA）	系统根据环境信息执行转向和加减速中的一项操作，其他驾驶操作都由驾驶人完成	人与系统	人	人	车道内正常行驶，高速公路无车道干涉路段，停车工况

动画　智能网联汽车高级辅助系统

续表

智能化	等级名称	等级定义	控制	监视	失效应对	典型工况
人监控驾驶环节						
2	部分自动驾驶（PA）	系统根据环境信息执行转向和加减速操作，其他驾驶操作都由驾驶人完成	人与系统	人	人	高速公路及市区无车道干涉路段，换道、环岛绕行、拥堵跟车等工况
自动驾驶系统（"系统"）监控驾驶环境						
1	有条件自动驾驶（CA）	系统完成所有驾驶操作，根据系统请求，驾驶人需要提供适当的干预	系统	系统	人	高速公路正常行驶工况，市区无车道干涉路段
2	高度自动驾驶（HA）	系统完成所有驾驶操作，特定环境下系统会向驾驶人提出响应请求，驾驶人可以对系统请求不进行响应	系统	系统	系统	高速公路全部工况及市区有车道干涉路段
3	完全自动驾驶（FA）	系统可以完成驾驶人能够完成的所有道路环境下的操作，不需要驾驶人介入	系统	系统	系统	所有行驶工况

2. 智能网联车发展现状

近年来，人工智能、芯片技术、传感技术、大数据以及移动互联的快速发展给汽车行业带来了巨大变革，正加快推动汽车产业结构优化升级。智能网联汽车通过现代通信技术实现与其他车辆、道路和行人等之间进行数据交互，结合汽车自身环境感知系统，对行驶环境进行识别，并加以智能决策和协同控制，实现汽车自动驾驶与网联服务，提高汽车安全性、舒适性和高效性。

智能网联汽车主要有三个功能模块，分别为环境感知、决策规划和车辆控制。环境感知又分为基于车载传感器的环境感知、基于 V2X 通信的非视距感知与数据交互和基于地图构建定位的先验信息交互。

智能网联汽车是汽车未来发展的趋势。许多国家都已出台法规政策支持智能网联汽车的发展，同时各大汽车企业也纷纷加大智能网联汽车的研发投入，抢占未来汽车技术发展的制高点。

国外智能网联汽车起步较早，在很多技术领域保持领先优势。以奥迪、特斯拉和谷歌分别为代表的传统汽车企业、新兴汽车企业和互联网企业，在智能网联汽车领域拥有较强实力。国内智能网联汽车起步稍晚，与国外技术水平仍存在一定差距。目前无论整车企业还是关键零部件供应商都在智能网联技术方面积极加大投入。在国家法规政策的支持下，中国智能网联汽车技术正在快速发展，如图 5-54 所示。

视频　我国智能网联汽车发展现状

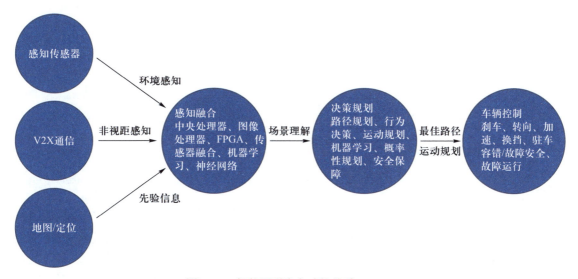

图 5-54　智能网联汽车功能关系

（1）国外发展现状

环境感知传感器方面，毫米波雷达、摄像头和超声波雷达已经成为量产车型驾驶辅助系统的基本传感器配置。国外零部件供应商，如博世、大陆、奥托立夫和采埃孚等已实现大规模量产，并且完成了多线产品的更新迭代。其中，毫米波雷达的探测距离逐渐增加，刷新频率越来越高，成本和体积也在迅速降低；摄像头在保证数据处理实时性的前提下，像素越来越高；激光雷达由于成本原因，当前还未能在量产车型上大规模普及，但已大量装备在高等级自动驾驶测试车辆上；以深度学习和人工智能为代表的新技术广泛应用于目标辨识领域，显著提高目标识别的速度和成功率，如图 5-55 和图 5-56 所示。

图 5-55　毫米波雷达在汽车上的应用

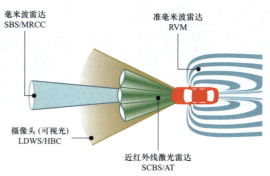

图 5-56　不同类型雷达的监控范围

网联通信方面，目前在车联网智能网联领域存在两个主要的技术路径：① 基于专用短程通信（DSRC）技术和蜂窝式 LTE-V 通信技术。DSRC 发展较早，技术较成熟，但缺点是路侧设施投入大，通信覆盖范围较小，难以满足高速行驶中的数据通信要求；② LTE-V 包括集中式和分布式两种技术，可共用 4G 网络覆盖不同应用场景，信道宽，覆盖范围广，但缺点是实时性难以保证，市场验证不足，见表 5-8。

表 5-8　DSRC 和 LTE-V 的对比

	DSRC	LTE-V
制定者	IEEE	3GPP
支持者	美国交通部，各大车企，例如通用、福特、丰田、本田、奔驰、宝马等	部分手机和芯片制造商
标准和技术成熟性	标准化进程始于 2004，现已完成，已进行实地测试	始于 2017，正在进行中
评价延时	低（小于 50ms）	高（大于 50ms）
带宽	高	更高
适用场景	行车安全，交通调度	娱乐

高精地图信息方面，高精地图的信息远比传统地图更加丰富完备。L3 级别以上的自动驾驶高精地图不可或缺。国外开展高精度地图研究的企业较多，既有 Here、TomTom 这类传统的地图服务商，也有 DeepMap、CivilMaps、lvl5 等初创企业，此外 Mobileye 提出用众包的方式，以车载摄像头监控到的画面为基础，分析并上载后创建高清地图，如图 5-57 所示。

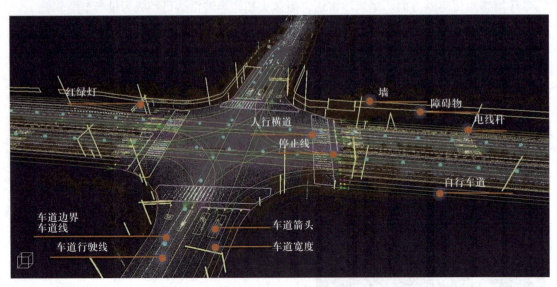

图 5-57　高精度地图

无人驾驶整车方面，Waymo、Uber、通用、沃尔沃、奥迪和奔驰等企业已经完成相当数量的实际公开道路测试和虚拟仿真环境测试，测试车辆的自动化等级覆盖 SAE L2 ～ L4 级。通过真实道路环境的测试不断完善自动驾驶系统，另一方面也为自动驾驶汽车的商业化运营探索方案。

（2）国内发展现状

近年来，国家及地方政府相关部门等均以不同方式支持智能网联汽车发展。《汽车产业中长期发展规划》提出加大智能网联汽车关键技术攻关和示范推广。

① 国内整车企业在智能网联领域也均有各自的发展规划。例如，一汽集团目前

已布局手机交车、自主泊车、拥堵跟车和自主驾驶四项功能，计划在 2020 年发布高速公路代驾产品及深度感知和城市智能技术，在 2025 年实现智能商业服务平台运营，高度自动驾驶技术整车产品渗透率达到 50％以上；上汽集团初步实现了 120km/h 速度下的自动巡航、车道保持、换道辅助、自主超车及远程遥控泊车等功能，计划在 2020 年实现高速公路上的自动驾驶；广汽集团目前开发的自动驾驶汽车初步实现了城市环境下的部分自动驾驶功能，计划 2020 年基本实现高速公路上量产的自动驾驶，2025 年实现综合环境下全自动驾驶，并实现产业化应用。

②国内零部件企业和信息通信企业也在智能网联汽车领域取得了长足进步。毫米波雷达、激光雷达等传感器领域，涌现出如安智汽车、行易道、隼眼科技、智波科技、速腾聚创、禾赛科技、北科天绘和巨星科技等企业；在自动驾驶算法开发领域，驭势科技、易航智能、主线科技、图森和智行者等科技公司已开展实车测试；在车联网领域，以华为和大唐为代表的中国通信设备供应商已能提供实施方案，并且联合整车企业开展了实际道路测试；此外，以百度和阿里巴巴为代表的互联网巨头也已经进入了智能网联汽车领域，并分别发布了"阿波罗"和"阿里云"车载系统；同时百度、高德和四维图新等地图企业开始了高精地图的采集和研发工作。

③中国汽车技术研究中心有限公司等科研机构开发了 ADAS（Advanced Driving Assistance System 高级驾驶辅助系统，利用安装在车上的各式各样传感器在行驶过程中感应周围的环境）性能样车和自动驾驶汽车，并在国内相关赛事中表现出色，军事交通学院、清华大学等高校也屡获佳绩。目前，以 AEB/LKA 系统控制器、车载 T-BOX 终端为代表的车规级（符合各国立法的关于汽车标准的法规）零部件已经逐渐实现了量产（图 5-58）。

视频　智能网联汽车各个部位的传感器

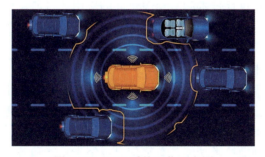

图 5-58　ADAS 系统工作示意图

满足多种自动驾驶等级测试需求的智能网联性能测试封闭场地在全国多地建成并投入使用。2018 年 4 月，工信部、公安部和交通部联合发布了《智能网联汽车道路测试管理规范》，明确了测试主体、测试驾驶人及测试车辆应符合的条件，为国内智能驾驶汽车道路测试提供了重要的指导建议。截至 2018 年 6 月，国内北京、上海、重庆和深圳等多个城市相继公布了各自的智能网联汽车道路测试管理规定。尽管中国在智能网联汽车的发展方面取得了显著进步，但是总体仍然面临核心技术缺失和创新氛围不够的问题。

动画　智能网联汽车的关键技术

3. 智能网联汽车关键技术

智能网联汽车是一个复杂的跨界交叉系统，技术领域覆盖广，专业跨度大，技术架构复杂。其核心关键技术涉及汽车、半导体芯片、人工智能和信息通信等领域。

（1）计算芯片技术

芯片是智能网联汽车的核心运算单元，主要包括 CPU、GPU、现场可编程门阵列（FPGA）及专用定制芯片（ASIC）等。

芯片中的各组成部分有以下特点：① CPU 计算单元少，适合复杂逻辑运算与控制；② GPU 具有高并行结构，适合对密集型数据进行并行处理；③ FPGA 通过冗余晶体管和连线实现逻辑可编程，计算效率高于 GPU；④ ASIC 晶体管根据算法定制、无冗余，功耗低、计算性能和计算效率高。

（2）环境感知传感器技术

主要包括毫米波、激光、超声波雷达，车载摄像头及其感知算法等技术。其中：① 毫米波雷达通过接收和发射电磁信号实现对目标距离、方位和相对运动的高精度测量，环境适应性强；② 激光雷达探测远、视角宽、角度分辨率高、不依赖于光照条件，但雨雪等天气会对探测产生影响，且尚无法满足量产要求；③ 超声波雷达成本低且不受光照因素影响，但探测范围小、方位角精度不高；④ 车载视觉传感器有单目、双目和多目等形式，基于机器学习的目标辨识技术已经有了长足发展，但光线和天气状况变化对其识别效果影响很大。

（3）决策规划技术

随着汽车自动化水平的提高，对车辆自主决策能力提出了新的要求，汽车不仅需要在某个具体工况进行决策规划，如超车、巡航和跟车等单一工况，还需要有在线学习能力以适应更加复杂的道路交通环境和不可预期工况。

（4）控制执行技术

自动驾驶车辆决策规划出行驶路径，由底盘执行机构实现车辆状态控制和轨迹跟踪，这一过程中，控制执行技术起着至关重要的作用。目前，传统车辆底盘的控制结构仍为分布式电子架构，不同子系统都有各自的运算控制器，较难实现所有功能的协同控制。

（5）交互通信技术

交互通信技术主要包括人机交互、车载通信模块、V2X 通信等多种技术。其中：① 人机交互包括驾驶人监控、语音交互、语义理解和手势控制等，主要依靠深度学习和大数据等技术实现；② 车载通信模块具有通信网关和防火墙机制，支持报警、服务类功能、远程车辆操控类功能、车辆信息反馈类功能和基于位置的服务类等信息控制功能；③ V2X 通信技术强调车辆在行驶环境中与其他交通参与者实时互联通信，获得其交通参数，对传输速度、延时性和丢包率等均有较高的要求。

（6）云计算平台

云平台通过以太网络与车辆、路侧设备进行远程通信，实现远程监控、车辆追踪、调度管理和路径规划等功能，同时还能够利用云计算和大数据处理，为自动驾驶控制策略、智能交通控制管理的研究提供数据依据。

（7）网络信息安全

智能网联汽车需满足车联网通信的保密性、完整性、可鉴别性等要求。通过引入密码安全芯片、设计"端－管－云"安全主动防御机制、密码安全协议和设置可信计算区域等手段，对云平台和车载终端进行软件代码和物理硬件安全升级。

（8）虚拟测试技术

运用计算机建模构建出虚拟的街道、城乡和高速公路等作为测试环境，并在虚拟环境中加入测试用例，这种虚拟测试方法可以大大提高自动驾驶技术的研发测试效率、缩短研发测试周期，并能实现场地测试无法提供的海量测试场景用例。

4. 智能网联汽车技术发展趋势

总体而言，智能网联汽车技术未来将向着人工智能化、尺寸小型化、成本低廉化和高可靠性方向发展。我们面临汽车诞生以来最大的变局，自1886年汽车诞生之后到现在的140年间，汽车大的变革不是太多，前两次是由于生产技术、生产组织，比如流水线的生产和丰田的精益生产改变了汽车的格局，但是在汽车的结构、使用层面却变化甚微。然而现在的变化是具有颠覆性的，不论是底层的架构，还是汽车的边界，还是汽车应用的形式都发生了变化。不仅改变汽车，也深刻的改变人类出行方式和生活方式。

视频 我国智能网联汽车的未来发展趋势

（1）L2级自动驾驶进入规模化量产，L3级成为下一个目标

智能网联汽车已经进入我们的生活，美国将智能汽车分成5级，现在L2级的自动驾驶已经进入量产阶段，技术上的储备已经趋于完成，下一步是如何进行商业模式落地。特斯拉、通用、奥迪等，具备L2级的驾驶辅助已经比比皆是，尤其是特斯拉，其在技术、汽车架构和整个创新的使用模式上做了很多创新性的尝试。

（2）代客泊车等特定场景下的自动驾驶成为量产切入点

围绕更高级的自动驾驶，一些特定的场景上有落地的可能，提到停车问题，无论在欧洲还是亚洲，都是一个关注点。在一个特定区域，它没有L3，它就是L2，或者说分为有人和无人的场景。现在驾驶辅助已经技术成熟了，进入到自动驾驶代客泊车阶段，驾驶人可以不必进入停车场了，如图5-59所示。

（3）基于智能网联汽车的"出行服务"市场成为竞争焦点

从市场落地来讲，L3级以下是市场普及的问题，到L3级以上才是技术创新要不断迭代，包括商业模式不断迭代的问题。出行服务现在是一个竞争的焦点。美国快一点，有WAYMO、CRUISE，目前正在引领发展方向，美国技术的成熟度也是全球做得最好的，在客流和物流两方面都有了一些相应的布局，如图5-60所示。

图 5-59 环境感知示意图

图 5-60 无人公交

动画 未来智能网联汽车的出行模拟图

（4）基于智能网联汽车的5G/V2X及云计算应用时代即将到来

上述提到网联，未来的发展不应是单车智能。5G/V2X和云计算的应用带来了我们在汽车应用和商业模式或者新技术落地的机遇，从模组到产品，再到市场应用，这

些方面都有相应的突破。

（5）智能网联汽车特有的新型安全问题成为核心关注点

对于智能汽车而言，"四化"都是手段，我们的最终目的还是解决交通出行中的一些痛点问题。目前最大的痛点是安全。原来交通事故涉及的是从碰撞到汽车稳定性这些安全问题，现在是智能汽车又出现功能安全和信息安全，信息安全在智能汽车安全里面是最大的隐患。全球的工程师都在面临这个挑战。现在有一些很好的解决方案，有很多技术供借鉴，不过完整的解决方案还没有出台。

（6）业内合作、跨界协同是趋势也是必然

不仅仅是车企间合作研发自动驾驶，例如，华为与部分车企也在进行跨界合作。

5. 中国发展路径：协同式自动驾驶

智能汽车发展在技术上还面临着众多挑战，从电子电器的架构、传感器、车辆控制、后台、信息安全到人工智能等都存在着挑战。

比如传感器。替代人驾驶，首先环境要有超出人的能力，进行自主感知，现在感知系统的技术路线还不确定。到底是走哪条路线？是所有的传感器都装到车上，还是有所侧重，按照场景分配？现在还有人提到要像手机一样用软件定义汽车。基于大数据的人工智能迭代是"长尾效应"。什么是"长尾效应"？90%的问题可以很快解决，但剩下的 10% 或 1% 却要花 10～100 倍的时间，这些需要逐步的积累。要想通过一套软件把这些问题都解决，再来量产，可能 10 年之后都看不到任何的应用。在硬件架构方面，首先建立一套体系，然后软件逐步升级迭代，这是理想的状态。就像手机一样，架构 5 年更新一次，而软件可以每天迭代（图 5-61）。

视频 我国对未来智能网联汽车的积极政策

图 5-61 传感器与智能网联汽车各部分关系

对于智能汽车的发展，现在提单车智能和群体智能，或者说单车智能和车路协同。无论是美国还是日本、欧洲，他们还是把主要的精力放在单车发展上，在 V2X 车路协同这块做了很多计划，很多项目也在推进，但大规模的建设还没有提上议事日程。众所周知的原因，一个是预算的问题，一个是没有一个组织可以号召大家，统一大家的意见。

是用单车智能、汽车的智能化逐步应用，来推动网络结构的逐步完善、升级，还是并行发展？这是发展路径的选择。我们认为，现在单车智能，不说硬件设施，就说人工智能。从技术角度来看，以弱人工智能支撑的单车智能，难以让自动驾驶系统完美地应对复杂的道路交通场景和气候变化，难以充分理解人类驾驶人的意识和行为。不仅是感知，更难的是决策。

人工智能对于感知，真正超过人的，能拿到数据的，只有视觉的识别和声音的识别，而其他方面还没有赶上人，而且遥遥无期。智能汽车的发展，还有待于人工智能技术进一步突破。这个有局限，不仅是固定的和看不见的，还有怎么克服环境的干扰，在这个基础上我们通过车路协同，可以降低综合成本。

智能汽车的发展有两条路，一个是自动化，一个是网联化。中国的路径方案现在无论是从国家层面，还是行业、企业层面，已经基本上达成共识，就是智能网联协同发展。其实在此之前，在中国汽车工程学会推动下，我们成立了智能网联联盟，现在应该有 100 多家企业参与，在学会的推动下把智能网联的发展当成一个重要的工作方向，如图 5-62 所示。

图 5-62　智能网联将所有的汽车联络起来

"中国方案"智能网联汽车，第一要要符合中国基础设施的标准，即符合中国的道路基础设施标准、地图数据标准、V2X 通信标准、交通法规等；第二要符合中国联网运营的标准，即符合中国要求的智能网联汽车准入、联网运营监管、信息安全等相关标准，运营主要是信息安全、集中管控和道路管控等；第三要符合中国新体系架构汽车产品标准，即符合中国标准的智能终端、通信系统、云平台、网关、驾驶辅助系统、自动驾驶系统等新架构汽车产品标准。

中国标准不是中国要自行其是、隔绝于世界。在国际竞争、国际协同中，如果没有自我，是没有资格参与全球竞争的。各个国家按照自己的理解，按照地域的需求，提出自己的方案，然后再放到大的平台上，大家相互借鉴、相互协同，形成国际的标准，这个才是真正国际竞争或者协同的基本原则。没有实例参与不了竞争，没有竞争就没有协同，也没有未来的国际通用化的标准。

汽车从诞生开始到现在从来没有少过竞争。没有竞争，全球的汽车走不到今天，所以首先中国对这个领域要有自己的理解，而且要走出一条新路线。协同式自动驾驶是"中国方案"智能网联汽车体系架构的核心和关键。智能网联汽车按照现在的走法会走入误区，因为随着人工智能技术长期突破不了，我们会走入低谷。人工智能已经经过三次起伏，每次人工智能根本性的大突破，都会带来人工智能推广应用的热潮。我们认为现在看到了天花板，我们要破局，就是要通过协同的方式（图 5-63）。

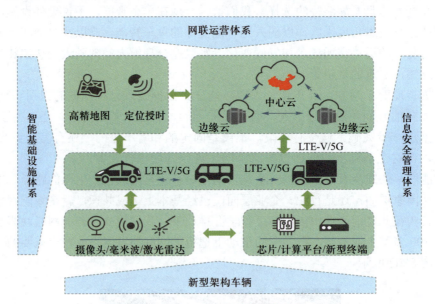

图 5-63 不同体系协同的方式

国家发改委也提出了整个智能网联汽车的发展规划，确立了智能网联创新发展六大战略任务，围绕技术创新体系、产业生态体系、路网设施体系、法规标准体系、产品监管体系和信息安全体系，制定了一些具体的任务。

汽车实际上是一个非常完整的供应链、创新链和产业链。传统汽车实际上是很封闭的，外面企业想进去非常难。现在从整车到零部件到芯片，变化是中间这层原来汽车产业体系里面没有，而恰恰又是支持下一步汽车智能网联核心不可或缺的链条。企业是有边界的，科技是没有边界的。所有的生产资料、创新资源在企业边界最高效的迭代，才有这个组织、行业，现在需要核心的资源不在体系内，必须打破这个体系，才能进一步发展。

在智能网联汽车产业体系下产生了支持未来智能网联汽车发展的五个基础平台，这五个基础平台包括：车载计算基础平台、车载终端基础平台、云控基础平台、高精度动态地图基础平台和信息安全基础平台。这五大平台不是任何一家企业可以做好的，一定是跨界的。这几个平台有一定逻辑关系，从车载计算平台，到终端平台，到云端，到最后的信息保障。

20 世纪 90 年代美国提出智能交通之后，无论美国、日本还是欧洲，有一大批精英人物做整体架构。大系统的发展，没有架构、没有系统，局部的优化解决不了问题，而且容易陷入死胡同，迭代永远走不出来。有了参考的架构，就像我们的标准一样，不像法规，标准是推荐执行的，大家如果都认可这个东西，按照这个架构做，最后才能协同。

6. 产业布局与进展

一是整车企业已经全面觉醒。尤其是近 5 年，中国每个企业都制定了至少 5 年的计划，有的看得更远，落地的各种车型、应用、示范也层出不穷。

二是零部件企业正在抢滩卡位。有传统零部件企业的转型升级，也有外来企业加入这个大市场，还有一些初创的企业，现在也有不俗的表现。中国自动驾驶汽车的关键零部件，包括车载计算平台、域控制器、环境感知传感器、执行器及融合系统等处于研发阶段，部分国内企业已经实现量产前装配套。

三是 ICT 企业超前布局。从百度、阿里、腾讯到华为，各自有各自清晰的定位，尤其是华为，一直在说不造车，不过它要造智能网联汽车最核心的平台，从计算平台、操作系统、芯片、终端、5G、物联网，包括未来的应用落地。有了这些，造车就不是一个难事，造智能网联车也不是难事。

但是单靠某一个公司做不了大生态、大系统，网联方面，某一个公司可以提供工具，但形成不了系统。所有的企业不可能是一家独大，原来通用、丰田按照它的产业体系，即使所有的汽车都倒了，它带着供应商可以活下来，但现在的格局下不可能有一家企业来统领整个的产业链，一定是生态的概念，是互通互联、相互协同，彼此密切相关的情况。

四是智能网联汽车应用示范活跃。现在围绕早期的概念，一个是技术的验证，第二是商业模式的验证。云控基础平台包括互联互通中心、融合感知中心、决策控制中心（包括边缘计算和中心计算的协同控制），还有数据分析中心、监控管理中心、服务发布中心和运营管理中心。

以下是研究路侧基础设施的布置方案，V2X 覆盖的范围，还有车载的摄像头、雷达。云控路侧单元布设节点，每个节点包括雷达、摄像头和边缘计算。其中有一些特色，原来激光雷达都装在车上，现在路侧也装一些，原来路侧只有摄像头，现在装一个模组，用来比较对于环境的感知，车和路哪一个更有优势，未来的功能怎么分工。这是比较创新的工作，未来有基础设施的，自动驾驶的格局可以升级，如果没有基础设施的，就降维使用。

还有一些典型的场景：交叉路口、弯道盲区、坡道盲区。还有像预知型的感知，通过雷达或者车载看不到的区域，可以通过网联的方式——V2X 的方式。我们一直说决策和操作，操作是车载的，最终决策是来自于车载，现在也是想尝试一下，能不能通过云端直接对车辆进行决策，面临黑客攻击，车辆失控的时候，没有后台把控整体局势是非常可怕的。这个形成了未来车路云产业链协同体系。我们就是要在这个方面充分的验证，提出数据，在园区不断迭代升级（图 5-64）。

图 5-64　Gartner 新兴技术成熟度曲线

中国汽车在近 20 年的发展中已经具备一定的能力和实力来参与国际竞争。我们要看到未来的希望，还要客观看待当前的发展。上面是 Gartner 新兴技术成熟度曲线，现在智能网联汽车到什么程度了？一个是技术萌芽，到期望膨胀，到泡沫破裂，到稳步爬升，再到生产成熟。L4 级自动驾驶技术处于"泡沫破裂期"，L5 级自动驾驶处于"技术萌芽期"。按照预测，L4 级和 L5 级自动驾驶的产业化成熟期预计都在 10 年以上。我们认为，智能汽车、智能交通、智慧城市融合是未来的发展方向。

链接　部分智能网联汽车企业网站

【任务小结】

1. 收集国内汽车企业的相关资料，了解其车型、车标及企业文化。
2. 收集国内智能网联汽车发展现状及行业分析资料，了解汽车企业的发展战略。
3. 拓展阅读：广州智能网联汽车展览会官网，国汽智联，高工智能汽车，盖世汽车智能网联。

【课程练习】

详见智慧职教数字课程。

参 考 文 献

[1] 黄志荣. 汽车新技术的应用现状与发展趋势探析 [J]. 科技与创新, 2015 (16): 22.

[2] 王小峰, 于志民. 中国新能源汽车的发展现状及趋势 [J]. 科技导报, 2016 (17): 13-18.

[3] 张永伟, 张娟, 方海峰. 全球新能源汽车政策评估[M]. 北京: 机械工业出版社, 2016.

[4] 朱艳丽, 苏晓楠, 马天博. 汽车文化 [M]. 北京: 北京理工大学出版社, 2017.

[5] 王小娟, 王永仁. 汽车文化 [M]. 武汉: 武汉大学出版社, 2011.

[6] 帅石金. 汽车文化 [M]. 北京: 中央广播电视大学出版社, 2014.

[7] 陈清泉, 孙逢春, 祝嘉光. 现代电动汽车技术 [M]. 北京: 北京理工大学出版社, 2002.

[8] 严杨, 刘志国, 高华云. 汽车造型设计概论 [M]. 北京: 清华大学出版社, 2005.

[9] 董晓玮. 电影中的另类"明星"——汽车 [J]. 电影文学, 2008 (1): 27.

[10] 关云霞, 梁晨. 新能源汽车技术 [M]. 北京: 机械工业出版社, 2018.

[11] 王自亮. 力量——吉利与中国汽车工业 [M]. 北京: 人民日报出版社, 2007.

[12] 艾丰, 刘东华, 王永. 品牌革命 [M]. 长沙: 湖南人民出版社, 2010.

[13] 包崇美, 刘跃. 大国品牌 民企典范——《中国车企名录》之吉利 [J]. 世界汽车, 2019 (12): 42-53.

[14] 周一帆. 汽车产业 70 年取得的伟大成就及未来展望 [J]. 内燃机与配件, 2019 (23): 181-182.

[15] 于靖园. 中国汽车市场发展变迁 70 年 [J]. 小康, 2019 (18): 54-55.

[16] 前瞻产业研究院. 预见 2019: 中国电动汽车产业全景图谱 [J]. 电器工业, 2019 (11): 37-40.

[17] 付强. 吉利控股收购沃尔沃汽车的战略需求与实践分析 [J]. 对外经贸实务, 2015 (5): 78-81.

[18] 聂鑫. 汽车品牌传播策略研究——沃尔沃汽车的中国复兴之路 [J]. 中国新通信, 2017 (11): 152-153.

[19] 梁国松. 吉利新能源汽车战略及形势 [J]. 商业故事, 2019 (7): 163-164.

[20] 胡勇, 吉武俊. 汽车概论 [M]. 北京: 北京理工大学出版社, 2015.

[21] 霍志毅. 汽车概论 [M]. 北京: 中国铁道出版社, 2012.

[22] 常兴华, 杨丰泽, 李琼. 汽车保险与理赔 [M]. 成都: 电子科技大学出版社,

2019.

[23] 崔胜民. 智能网联汽车新技术 [M]. 2 版, 北京：化学工业出版社，2018.

[24] 张永伟，纪雪洪. 电动汽车商业模式研究 [M]. 北京：机械工业出版社，2018.

[25] 王震坡，邓钧君，孙逢春，等. 汽车分时租赁 [M]. 北京：机械工业出版社，
2018.

[26] 张国昀. 电动汽车产业研究 [M]. 北京：中国石化出版社，2016.

[27] 王庞伟，王力，余贵珍. 智能网联汽车协同控制技术 [M]. 北京：机械工业出
版社，2019.

[28] 李俨，曹一卿，陈书平. 5G 与车联网——基于移动通信的车联网技术与智能网
联汽车 [M]. 北京：电子工业出版社，2019.

郑重声明

高等教育出版社依法对本书享有专有出版权。任何未经许可的复制、销售行为均违反《中华人民共和国著作权法》，其行为人将承担相应的民事责任和行政责任；构成犯罪的，将被依法追究刑事责任。为了维护市场秩序，保护读者的合法权益，避免读者误用盗版书造成不良后果，我社将配合行政执法部门和司法机关对违法犯罪的单位和个人进行严厉打击。社会各界人士如发现上述侵权行为，希望及时举报，本社将奖励举报有功人员。

反盗版举报电话　（010）58581999　58582371　58582488
反盗版举报传真　（010）82086060
反盗版举报邮箱　dd@hep.com.cn
通信地址　北京市西城区德外大街4号
　　　　　高等教育出版社法律事务与版权管理部
邮政编码　100120

防伪查询说明

用户购书后刮开封底防伪涂层，利用手机微信等软件扫描二维码，会跳转至防伪查询网页，获得所购图书详细信息。用户也可将防伪二维码下的20位密码按从左到右、从上到下的顺序发送短信至106695881280，免费查询所购图书真伪。

反盗版短信举报

编辑短信"JB,图书名称,出版社,购买地点"发送至10669588128

防伪客服电话

（010）58582300